DATE DUE

DATE DUE

GAYLORD   PRINTED IN U.S.A.

DEMCO

PSICOLOGIAS DEL AUTOR
Y
LOGICAS DEL PERSONAJE

PERSILES-109

DEL MISMO AUTOR

EN TAURUS EDICIONES

- *Conversaciones con Juan Ramón* (Fuera de colección).
- *Técnicas de Galdós* (Col. «Ensayistas», n.º 68).
- *García Márquez o el arte de contar* (Col. «Cuadernos Taurus», n.º 93).
- Selección y edición (con Allen W. Phillips) de *Antonio Machado* (Col. «Persiles», serie «El escritor y la crítica», n.º 63).
- Introducción de *Platero y yo*, de Juan Ramón Jiménez (Col. «Temas de España», n.º 1).
- Introducción, cronología y bibliografía (con Harriet S. Stevens) de *Niebla*, de Miguel de Unamuno (Col. «Temas de España», n.º 28).
- Introducción, cronología y bibliografía de *La incógnita*, de Benito Pérez Galdós (Col. «Temas de España», n.º 97).
- Introducción, cronología y bibliografía de *Realidad*, de Benito Pérez Galdós (Col. «Temas de España», n.º 99).

RICARDO GULLON

PSICOLOGIAS DEL AUTOR
Y
LOGICAS DEL PERSONAJE

taurus

Cubierta
de
Manuel Ruiz Angeles

© 1979, Ricardo Gullón
Taurus Ediciones, S. A.
Velázquez, 76, 4.º - Madrid-1
ISBN 84-306-2109-1
Depósito Legal: M. 4.225 - 1979
PRINTED IN SPAIN

INDICE

NOTA PRELIMINAR

En diciembre de 1976 acudí, por afición y por costumbre, al seminario galdosiano de la Modern Language Association, en Nueva York, dedicado a las novelas de Torquemada; participaban en él críticos de distintas tendencias, lo que permitía esperar una discusión animada. No quedé defraudado, pues las intervenciones fueron interesantes y una brillante. Luego, al entrar los espectadores en la discusión, ocurrió un hecho menos sorprendente de lo que a primera vista parece: el público, integrado por profesionales de la enseñanza y la crítica, olvidó que lo discutido era un texto literario y se empeñó en un curioso debate sobre los personajes como individuos vivientes, de las figuras ficticias como seres reales y de la invención como realidad. Al primer movimiento de extrañeza le sucedió una obvia constatación: ese modo de tratar la novela, en que se daba de alta no ya el entusiasmo sino la pasión, era un homenaje indirecto a Galdós, que le hubiera complacido por cuanto testimoniaba de la vitalidad de su creación. Homenaje insólito porque, repito, quienes así se manifestaban eran profesores y críticos, habituados a los rigores del análisis textual y —en teoría— menos propensos que otros a proyectar en lo cotidiano las situaciones novelescas. Del modo más cabal se cumplía el cervantino «engaño a los ojos».

Sentí entonces la urgencia de examinar con calma obra tan apasionante y de explicar y explicarme las causas de tan curioso fenómeno. La tentación personalizante era obviamente peligrosa; incurrir en el dogmatismo de escuela no lo era menos. Quizá cabía buscar la solución en un análisis riguroso del texto que no excluyera los factores y la terminología útiles para esclarecer su sentido. Partiendo de supuestos rigurosos es posible mantenerse en una línea exigente sin ceder a una ortodoxia reductora que después de todo bien pudiera ser, como dice José Hierro, «la moda de hace un día».

Si no se discute la autonomía del texto, ni su auto-referencialidad, el hecho de que exista y funcione por sí, si se pone en duda su exaltación al estado de ente privilegiado que, como un viejo aristócrata entre plebeyos, comunica condescendiente y desdeñoso con elementos más elusivos y de inferior jerarquía. Atenerse al texto es obligado; rechazar el auxilio de lo que desde fuera ayuda a entenderlo no es servir al rigor sino a la limitación. Refiriéndose a los riesgos de hacer del texto un artefacto que se devora a sí mismo, Edward W. Said dijo no hace mucho: «Una consecuencia quizá imprevista es que el texto es idealizado, esencializado, en vez de seguir siendo el objeto cultural de clase muy peculiar que realmente es, con una causalidad, persistencia, vigencia y presencia social netamente suyas»[1].

No hay por qué ceder a los refinamientos de la auto-destrucción, que por refinados son tentadores, especialmente cuando se piensa en la novela del siglo XIX y en obra tan representativa de su momento como lo es *Torquemada*. Urge contar con una

---

[1] «Roads taken and not taken», en KRIEGER Y DEMBO, ed., *Directions for Criticism*, University of Wisconsin, Madison, 1977, pág. 43.

gramática de la novela y las ficciones de Galdós se ofrecen como ejemplo ideal para escribirla. Las páginas que siguen quieren dar un paso, aun si sólo un paso —y heterodoxo, por añadidura—, en esa dirección. Otros vendrán y las continuarán, completando, y acaso rectificando lo dicho aquí.

I

PARA UNA GRAMATICA
DE LA NOVELA

Sujeto y predicado. Narrador

La tendencia a estudiar la novela en sus técnicas y no en sus contenidos está dando lugar a obras en que se plantean modos de aproximación teórica al género coincidentes en el propósito de alcanzar un nivel de precisión y una validez general que los críticos, nuevos, nuevos-nuevos, novísimos no encuentran en las investigaciones historicistas, filológicas, positivistas..., del pasado. Poéticas de la ficción, retóricas de la ficción, gramáticas de la ficción, análisis de las situaciones narrativas, localización del lector implícito..., todo apunta a considerar la novela como un objeto que debe ser estudiado sistemáticamente en su organización y en su funcionamiento.

¿Cómo intentar un esbozo de gramática novelesca esquivando los riesgos de la confusión y los del dogma? ¿Será necesario imponerse una sintaxis excluyente de cuanto no sea estrictamente gramaticalidad? Tal vez quepa establecer algunas analogías, recurrir a figuraciones que la pura ortodoxia rechaza. Utilizar un vocabulario con términos miméticos, como personaje o conflicto, me parece lícito, pues el empeño de crear un sistema crítico privándose de palabras así llevaría a construir un armazón lingüístico rígido en que no cabría expresar toda la complejidad del texto. Torquemada es algo más que un símbolo; sus relaciones con Cruz y Gamborena algo más que una antítesis; la idea de la reencarnación algo más que un motivo y que una metáfora.

Cuanto es parte de la estructura debe ser cuidadosamente examinado, y ya se entiende que, pensando de este modo, hasta las ideologías, tan adscritas al orden de la mímesis, serán analizadas, y precisamente en su gramaticalidad, es decir, en su función; no en su orientación. Se examina la estructura de un objeto en el que las partes son parte de una imagen; no fragmentos de la realidad sino construcciones verbales que a la vez son y no pueden dejar de ser enunciados, metafísicos y morales. Personajes, trama, ideologías..., aún si no pertenecen al léxico gramatical entran en este estudio con pleno derecho, por equivalencia funcional con los términos correspondientes a ese léxico —metáfora, paradoja, por ejemplo— y tan solidarios con ellos como la piel con el músculo que recubre.

De las sombras donde se mantenía fue emergiendo poco a poco una figura, la del narrador, que hoy parece y en cierto sentido acaso lo es, protagonista, si no de la novela, sí del texto: éste, además de obra suya, es la forma de su presentación, sin máscara cuando personalizado, más explícito que implícito, omnisciente o no del todo, siempre moviéndose de fuera adentro, desde fuera del texto al corazón de la página; en otras ocasiones con el rostro y la indumentaria del yo que cuenta la novela, y, más raramente, desdoblado en el monodiálogo de quien habla en segunda persona al otro que es él, consciente de la escisión y de la dualidad. Según Michel Butor, practicante de esta modalidad, se cuenta a alguien algo de sí mismo que ignora, partiendo del supuesto de que hay en el ser desvanes o subterráneos mal alumbrados que tal procedimiento va iluminando poco a poco[1].

El paso del narrador de los bastidores al proscenio se corresponde con un desplazamiento del autor en sentido inverso. Quien atrajo la atención crítica hasta el punto de oscurecer la obra misma, considerada como algo cuya existencia se justificaba por la luz que proyectaba sobre el genio creador, es visto ahora como cifra prescindible en el cómputo de los indicadores pertinentes al análisis textual.

Si el paralelo entre frase gramatical y novela fuera aceptable, cabría suponer que hay una analogía funcional entre sujeto de la oración y narrador, tanto más visible cuando se trata del narrador personaje que dice «yo». Y paralelamente, el predicado se halla en relación equivalente con la acción narrada, con el conflicto novelesco de donde se deducirá el ser del sujeto: Juan canta, Juan llora, Juan ama, llevan en su brevedad una abreviatura de la persona, un signo de quien la acción configura como cantor, doliente, amante.

Sujeto y predicado significan en la oración como narrador (o personaje) y conflicto significan en la novela. Una equivalencia conduce a otra, y el juego admite prolongación: Juan canta a María, Juan llora por María, Juan ama a María. La preposición indica la causa de la acción y apunta a un complemento personal que en la frase —y en su traslado a la acción— no sólo complementa: completa y complica.

---

[1] Michel BUTOR: «L'usage des pronoms personnels dans le roman», *Répertoire, II*, Minuit, París, 1964, pág. 61. Sobre esta cuestión, Bruce MORRISSETTE: «Narrative You in Contemporary Literature», *Comparative Literature Studies*, vol. II, 1965, y Francisco YNDURÁIN: «La novela desde la segunda persona: análisis estructural», en Agnes y Germán GULLÓN: *Teoría de la novela*, Taurus, Madrid, 1974.

Trasladada a la novela, la oración resume un argumento, por sencillo que sea, un principio de drama o de comedia que al extender la frase (y su elasticidad queda fuera de duda) se abre a infinitas complicaciones.

Seguimos leyendo: «Juan canta a María porque la quiere», y alternativamente: «Te canto, María, porque te quiero.» El enunciado es más complejo, y —sobre todo— emergiendo de otra manera, desde distinta perspectiva lo mismo no es lo mismo. Y esto aun operando con segmentos verbales muy reducidos en los que la divergencia no parece ser grande.

Cuestión de tono, cuestión de acento. Pasando de lo elemental a lo sutil, el refinamiento en la matización subraya las diferencias entre lo descrito y lo vivido. En el evangelio de San Juan el lugar privilegiado se le atribuye al sujeto, a la figura en quien encarnan palabras y sustancia divinas («En el principio era el Verbo»), mientras en *Fausto* es el predicado, el conflicto, sea quien fuere su agonista, lo determinante de la creación («En el principio era la Acción»). Ambos postulados sugieren una dinámica, la puesta en marcha de una operación cuyos mecanismos operan desde supuestos diferentes. Si de verdad operan con rigor, ajustándose al postulado inicial, puede producirse lo que necesariamente cederá la escritura: una crónica, en el primer caso; un drama, en el segundo.

Otra faceta de la indagación es visible cuando el enunciado es tan declarativo y tradicional como esto: «Voy a contar cómo fue al quemadero...». En poco más de media docena de palabras se afirma la narración como historia, el suceso como pasado. También aquí: «Lo cierto es que yo fui desvirgada...»[2], se promete una relación que remite al ayer. Aun así, notamos la diferencia en la distancia entre lo dicho y quien lo dice, en la situación de la voz narrativa en el espacio novelesco: la primera está inicialmente objetivada y habla de lo sabido; la segunda, dice de lo vivido. Narrador y narración son, en ambos casos, entidades distintas, pero englobadas en una unidad que no puede dividirse sin desintegrarse. Tanto la voz de fuera como la de dentro se aplican a un mismo empeño: codificar el lenguaje en forma adecuada, tanteando en busca de la expresión que las revele.

Tanto en el caso de quien dice «él» como en el de quien dice «yo» la narración puede ser neutral o beligerante, según ofrezca los hechos en escueta relación o los subraye en la amplificación y el comentario. En una tercera modalidad de la presentación, la novela dramática, el narrador se repliega a los márgenes de la escena, a las acotaciones, dejando a los personajes un máximo de visibilidad y encomendando al lector la tarea de suplir los nexos latentes y reconocer los patentes[3]. El confinamiento en las acotaciones reduce en grado variable la visibilidad del narrador. Basta comparar la «novela hablada» de Galdós (El abuelo, Realidad...) con las «comedias bárbaras» de Valle-Inclán, donde lo supuestamente marginal es parte sustancial del drama, para advertir la extensión de esa variabilidad. Y es más fácil hacer al narrador invisible que inaudible.

Libre y no sólo autónomo en su relación con el enunciado, el narrador lo marca, lo transforma, lo moldea y lo hace suyo en la enunciación. ¿Quién

---

[2] Juan BENET: En el estado, Alfaguara, Madrid, 1977, pág. 37.
[3] Examiné lo relativo a la novela dramática en la «Introducción» a Realidad, Taurus, Madrid, 1977.

2

los separa? Si el paisaje es un estado de ánimo, la descripción es tanto revelación del descriptor como de lo descrito. Me asomo al valle desde las alturas de Polanco en la Montaña de Santander, y no reconozco el paisaje que aprendí leyendo a Pereda. La causa fue sugerida por Unamuno cuando llamó «paisajes del alma» a entrañables «visiones» (también locución suya) o invenciones de su pluma. Nadie podrá privar al narrador de su libertad, es decir, de la opción por un código personal, propio. Al referirse a un objeto, hace más que tratar de él: en la verbalización lo crea.

La libertad narrativa no es sólo posible sino requerida por el acto mismo de escribir, por lo que este tiene de invención. Si el hombre hizo a Dios a su imagen y semejanza, ¿no han de ser sus figuraciones traslado de una representación experimentada en la conciencia, puesta en palabras que si son auténticas han de ser precisamente expresión de esa imagen?

Doblado de esa condición peculiar llamada «autor implícito», el narrador es una voz, un talante y un código, pero es también, en los relentes autoriales, un organizador, parte de la estructura y determinante de la forma. Cuando opta por un cifrado y lo mantiene sistemáticamente, impone al lector una percepción, un modo de recepción. En *Tirano Banderas*, adjetivación y metáfora anticipan el sentido de las ocurrencias y de la trama: «cabeza de pergamino», «verde máscara», «pájaro nocherniego», «calavera», «momia»..., hacen ver al sujeto por vía de la imagen, sugieren su función en el texto e inciden en la relación estructural. Seguramente la obra de Valle es singular en cuanto a la perfección del ajuste y la continuidad del aparato imaginístico.

¿Quién dirá los múltiples rostros del narrador, su tipología y su varia y complicada operación en el texto? Alguien muy cercano a mí ha planteado la cuestión respecto a la novela española del XIX, y a sus hallazgos remito al lector[4], así que sólo notaré esto: que el narrador sea inseguro, mal informado, ignorante, desmemoriado, miope, limitado en sus movimientos o incapaz de comprender su propia historia[5]; que se comprometa con la narración o se aleje de ella son posibilidades que se ofrecieron al autor en el momento inicial. Una vez decidido, la decisión no tiene por qué interferir en la libertad del narrador. El caso extremo del autor que se instituye o constituye en narrador para acabar acostándose con la protagonista de la novela (aparte de las sugerencias ofrecidas por el psicoanálisis, seguramente curiosas) subraya que los condicionamientos de la función derivan de la exigencia estética de concertar libertad y coherencia. Narrador —y personaje— responden a una lógica propia y desde ella actúan.

Coherencia no es negar la eventualidad de que el narrador se aventure en los laberintos de su propia escritura, sino afirmar un principio organizador que, por ejemplo, haga de esos laberintos espejo de los espaciales, temporales y verbales en que la acción acontece, como en *Volverás a Región*, de Juan Benet, o que partiendo de una metáfora —digamos la niebla, como en Unamuno o en María Luisa Bombal— impregne la totalidad de su sustancia, presentando brumosos los personajes y los recintos tempo-espaciales por donde transitan. Cabe la coherencia en la incoherencia —y contar la historia de manera incoherente o dispersa, según se ofrece en la novela lla-

---

[4] Germán GULLÓN: *El narrador en la novela del siglo XIX*, Taurus, Madrid, 1976.
[5] Pienso en el de Ford MADOX FORD en *The Good Soldier*, maravillosa novela.

mada espacial [6]—. Y si el narrador se esfuerza en conseguir que la historia parezca real, nada tan aconsejable —así lo entiende el de *The Good Soldier*— como decirla según en la realidad se diría, de manera que puede ser errática, fragmentada, incompleta, rota.

Añádanse a esto las disrupciones de la temporalidad que refieren la historia empezando por el final, o en la mitad, y se remontan zigzagueando hasta el comienzo, alterando el modo y las expectaciones de la lectura. Y si en la redacción del texto advierto una intención simbolizante, la voluntad de condensación forzará una recepción tal vez reductiva pero sumamente intensa de las complejidades abarcadas por el signo.

Iniciada la novela, el narrador ve relativizado lo absoluto de su absoluta libertad; el texto mismo, su producto-creación se ha puesto en marcha y de creación se desliza a creador. Dinámicas conflictivas, narrador y texto se mueven y la dirección no será divergente —salvo si el texto va a ser escenario de una pugna oscura— sino paralela. Quien escribe va viéndose comprometido a ciertos desarrollos apuntados en y por la escritura. El primer párrafo de *San Manuel Bueno, mártir* incluye en germen toda la novela y puede decirse —yo lo he dicho y aquí lo repito— que el resto es desarrollo y puntualización de lo condensado en esas líneas iniciales [7].

Precisemos: «el resto» no equivale a «todo», en

---

[6] Joseph FRANK: «Spatial Form in Modern Literature», *The Widening Gyre*. Indiana University Press, Bloomington, 1968.

[7] En *Amor y pedagogía* las imposiciones del texto son inesquivables y el autor no las esquiva. Procuro demostrarlo en el primer capítulo («Unamuno entre la metonimia y el eco») de un libro en preparación.

términos absolutos, pretensión irrealizable, sino a decir lo pertinente, lo que ha de figurar en el texto para desarrollar el germen inicial, mostrando flor lo que fue semilla. La novela se escribe partiendo de un punto muy cercano al cero, y nadie lo sabe mejor que el asiduo a las páginas galdosianas. Cuando el cero que será ente novelesco empieza declarando su existencia en forma negativa, como en *El amigo Manso*, reconoce implícitamente que el tintero es el útero y la pluma el falo que lo engendra; hijo de la imaginación, irá siendo quien es conforme la tinta lo dibuje en el papel.

En primera instancia el escritor toma conciencia de ese diseño suyo, observa cómo la figura va tomando forma en el movimiento de la pluma, cuerpo en la tinta cuajada en palabra. Pluma y falo, emblemas e instrumentos de la creación, impulsados por el deseo de pasar de la posibilidad al goce, erotismo del sexo y de la escritura, dependen en algún punto de la mente, cautelosa por la frustración posible y el resultado incierto. ¿Cómo será Manso? ¿Se pinta como se quiere o como se puede? El pintorzuelo que pincel en ristre (otro artefacto fálico) ignora si la mancha evocará a San Antón o a la Purísima Concepción es un ejemplo desorbitado, lindante con lo grotesco, de la parábola autorial. Padre, novelista, poeta, pintor saben que falo, pluma, pincel concurren con el útero, tintero, paleta a revelar en acto la oscura fuerza seminal a que cada cual pone diferente nombre: musa, inspiración, son, intuición... y de la que se deriva la gran conversión.

Conversión de lo latente en lo patente. Ya está ahí, como Manso, mancha que se distiende (esta novela o, mejor, nivola, pudo titularse «la novela en el tintero»), balbuceo pugnando por articularse y significar. De la nada, limbo de lo increado, a la página y de la palabra al ser. Ser-sujeto que postula con apuro, en seguida, ahora, ya, un predicado, un movimiento hacia algo, el impulso se llamará amor, odio, dinero, poder y será fin, medio o intermedio. Por aburrimiento de la abstracción y tendencia a la dramatización irán apareciendo nombres, individuos, acaso con aureola simbólica: Perfecta, Gloria, Torquemada, Fidela, Cruz del Aguila.

Fluye la tinta y sobreviene el incidente, la ocurrencia, el predicado; la oración se completa. Entra en el espacio verbal ese nombre, el de aquello que se ama o se detesta (la María que Juan canta, llora, busca) y con su presencia la eventualidad se hace realidad, la hipotética esencia es ya existencia y el texto —tan quieto e inmutable al parecer— se pone al rojo vivo. La función quiere ser más, el ente verbal necesita «vivir» fuera de la ciudad de papel. Aquel autor que se llamó Galdós, Balzac, Tolstoy, sabía que así era, sentía ese padecer y traspasaba el sentimiento al narrador: Manso agoniza en el esfuerzo por constituirse de verdad, y cuando esa verdad llega cargada de mentira vuelve resignadamente al limbo de que procede, más allá del tintero. Torquemada —y eso se trata de demostrar, en este libro —se somete a regañadientes a las metamorfosis del texto, mas, cuando la hora llega, vacila entre arriesgarse al infierno o renunciar a su razón de ser.

Puesto en planta, el texto —ya lo he dicho— no responde automáticamente a las presiones del autor. Se cruzan en la página corrientes conflictivas: la libertad autorial con la del narrador, la de los personajes y las leyes interiores del texto mismo. Cada uno de ellos opera sin sujetarse a preconcepciones, cada uno con su propia lógica, según la manera que le permite ser cabalmente como debe ser. Las percepciones del autor son contrastadas y si es necesario contradichas por las de sus agentes.

Acabo de referirme a Unamuno. Vuelvo a recordarle para mencionar su dramatización de las relaciones autor-personaje en la nivola *Niebla*. Con más contundencia de la usual en exposiciones teóricas, la escena enfrenta criatura y creador y subraya la protesta de aquélla al ver coartada su libertad por un don Miguel cuya sustancia le parece tan frágil como la suya. Si el ente ficticio desea «vivir su vida», nada más natural que quiera «hacerla», y con ella *su* novela, ajustada a designios y a finalidades personales[8]. Así, el personaje, sujeto de la oración, exige en la gramática de la novela una consideración especial.

PERSONAJE. CARÁCTER. SOCIEDAD

Consignar el personaje a la trastera o situarlo en la galería polvorienta de los antepasados es actitud generalizada entre críticos empeñados en presentar la novela en estado comatoso, con la gangrena destruyendo sus miembros. Los pronósticos sobre el futuro de la novela solían ser pesimistas; ahora lo son los diagnósticos de su presente. Hace más de medio siglo Ortega declaró la extinción del género, y no sólo la del personaje. Ahora choca pensar que esa declaración coincidía con la publicación de obras que continuaban o renovaban la novela tradicional: los nombres de Mann, Kafka y Faulkner hablan por sí mismos. Y en sus novelas no se advierten signos de decadencia, aunque sí de cambio y, en las de Kafka, señales de que el personaje se alejaba en construcción y operación de lo que fuera en la novela realista. (No cabe aquí una expo-

---

[8] La profesora Harriet S. TURNER lo demostró en su comunicación al II Congreso galdosiano, «¿Es Manso un pobre hombre?». Por deferencia de la autora he podido leer completo este inteligente artículo.

sición de las ideas negativas del carácter según las expusieron D. H. Lawrence y Virginia Woolf.)

Fue Kafka quien más agresivamente puso en cuestión la llamada psicología del personaje, pero la cosa venía de lejos. En *La metamorfosis* el sujeto es o se ve reducido a condición animalesca. La degradación admite una lectura simbólica —pero no es seguro que ésta sea la mejor —y en todo caso implica privación de la palabra, es decir, de lo característico y distintivo del hombre: cuando le falta, la cucaracha es posible. Es la lógica de la situación la que en estas páginas —y en las de *El castillo*— determina las oscilaciones del texto y las peculiaridades de la escritura. Y, siquiera de refilón, señalaré que el K. de esta novela no parece menos alucinado (desorientado) que el Gregory de la precedente: el castillo de su busca no es, en la realidad, sino una agrupación de miserables casuchas.

La metamorfosis entra en una tradición literaria por la cual el lector se mueve sin dificultades, y la desorientación de K. es aceptable como paralela de la experimentada por quien la contempla libro en mano. El narrador ha retirado parte de la información sobre el personaje; el lector quisiera contar con ella pero ha de contentarse con los datos que se le ofrecen, suficientes para una lectura problemática que en sus propios problemas envuelve la incitación a un descifrado que para ser exacto debe oír en los silencios del texto y en las sombras del personaje. Inútil pedir, en *El castillo*, que entienda la situación; su no entender es parte de ella: la visión borrosa, la perspectiva precaria, el mecanismo perceptivo deformado son la situación y no impiden, antes realzan la intensificación significativa. La explicación de este fenómeno pudiera encontrarse en esta cadena: obsesión-desorientación-¿alucinación?-concentración-significación.

Los ejemplos de Kafka sirven para mostrar la persistencia de la centralidad del personaje en la novela. Si el título es un signo, la intención autorial de destacar la importancia del personaje está clara en la línea general de la novela —y no sólo la española, desde luego—: *Lazarillo, Calixto y Melibea* (o *Celestina*), *Amadís, Don Quijote, Guzmán, Justina, Fray Gerundio, Sancho Saldaña, El señor de Bembibre, La gaviota, Pepita Jiménez, Juanita la larga, Pedro Sánchez, Sotileza, La tribuna, La sirena negra, Doña Perfecta, Gloria, El amigo Manso, Fortunata y Jacinta*, la serie de *Torquemada, La Regenta, Antonio Azorín, Doña Inés, Tigre Juan, Romance de lobos, Tirano Banderas, El profesor inútil, San Manuel Bueno, El cura de Monleón, La familia de Pascual Duarte, Agata, ojo de gato.*

Lista selectiva, para no ser interminable; y otras pudieran ordenarse que la contradijeran, pero en principio ésta me parece significativa. Aun si el personaje no está en el título, las probabilidades de su posición central siguen inalteradas: *Misericordia, Los pazos de Ulloa, Su único hijo...* lo muestran cumplidamente. Quizá los títulos mismos sugieren un cambio en la intención, el oscurecimiento del personaje en beneficio de la espacialidad (*El ruedo ibérico, El Jarama, Volverás a Región*), de la temporalidad espacializada (*Tiempo de silencio, Un viaje de invierno*) o de la forma (*Ritmo lento, Retahílas, Los verdes de mayo hacia el mar, En el estado*).

En las novelas de Sánchez Ferlosio, Benet y Luis Goytisolo, el personaje tiende a disgregarse y desde luego la falta de carácter, en el sentido tradicional de la palabra, es un hecho. El «nouveau roman», poniendo en práctica, sin saberlo, la prescripción unamuniana de buscar la profundidad en la superficie, puesto que a su juicio no había otra, se atuvo a los datos comprobables, visualizables —y de ahí que a los incursos en esta tendencia se les englobara en una hipotética «escuela de la mirada». Lo que la novela española más reciente ha hecho es renunciar a toda prospección psicológica. En los hispanoamericanos más inclinados a la experimentación, como Severo Sarduy, el personaje exhibe mutaciones tan sorprendentes que cualquier pretensión de reducirlas a unidad es inútil.

Y lo curioso es que el personaje no se resigna a morir. Vuelve en los empeños de García Márquez, de Carpentier, de Cortázar —que convoca en el texto y hace entrar en el juego al curioso fantasma de un teórico que, sin duplicarle, le pone al día—. De que la muerte anunciada no es inminente da testimonio un acontecimiento ocurrido mientras este libro se escribía.

En la primavera de 1977 se reunieron en Brown University los expertos en el asunto, para autopsiar el supuesto cadáver. Sus discusiones se leen en una publicación reciente[9], y son harto instructivas. Si la causa pareció perdida, los convocados decidieron que, después de todo, la autopsia sería prematura y el diagnóstico no necesariamente fatal. Los novelistas no pueden crear el personaje sobre la base de algo tan frágil e inestable como el carácter, y si lo crean desde ese supuesto habrán de respetar la lógica de la inestabilidad. Mark Spilka, organizador del simposio, recordó que Lawrence advertía a un editor que no perdiera el tiempo buscando en *The Rainbow* «el viejo yo estable del personaje».

Tal es la cuestión: no estabilidad, no esencia, no carácter definido sino en constante proceso de formación y disolución. Cuando Djuna Barnes produce

---

[9] «Character as a Lost Cause», *Novel*, vol. II, n.º 3; Spring 1978.

su sorprendente *Nightwood* no es que el carácter se disuelva en las tinieblas de la esquizofrenia: lo humano, lo tan de veras humano desemboca en la inhumanidad. Como Jacinto, purísimo cordero de *Parábola del náufrago*, la patética muchacha de Barnes acaba del otro lado de la frontera, convergente con el personaje de Delibes en el final donde figurativamente debían coincidir, en el espacio sin palabras al que les precedió otro incomunicado, el Gregory Samsa, arriba mencionado.

Spilka recordó en Brown que John Bailey, en *The Characters of Love*, señala la necesidad de tomar en cuenta la simpatía del autor por los personajes y el hecho de que los vea como «gente». Cuando esto le suceda al lector, estaremos en el caso registrado en la reunión de la M. L. A. Antes conviene examinar otra cuestión planteada por Spilka.

¿Sobrevivirá el personaje y el interés por el personaje en la sociedad de masas donde el individuo apenas cuenta? Si ayer el problema se centraba en la individualización del arquetipo, de hacer —como hizo Galdós— que el usurero en abstracto se convirtiera en el hombre concreto, hoy ha de constatarse que el hombre se pierde ante la colectividad que le condiciona y le anula, como a Jacinto, el personaje de Delibes, o le disuelve en los complejos que le constituyen: tal disolución es su constitución. Y ahí está el autor, como Benet en su novela *En el estado*, para diluir en la ironía y la parodia los últimos vestigios de la personalidad; ni máscara les deja. Y tras esa dilusión, o disolución queda una construcción verbal válida y significante en sí misma. Los elementos discordantes tienden a un orden y a un sentido que el ojo no percibe si la mente receptiva no los piensa. Desahuciado el personaje, quedan voces, tal vez incoherentes, tal vez no, que suenan en un curioso vacío, en mitad de la nada.

CONFLICTO. IDEOLOGÍA

Vuelvo al orden de la gramática y al conflicto-predicado sin abandonar del todo al sujeto, por aquello que dijo Yeats sobre la imposibilidad de separar el danzarín de la danza. Conflicto supone dualidad, diversidad que se resuelve en pugna, interna o externa, dentro y fuera, dentro o fuera. La nivola o novela de acción interior presupone un exterior, punto de apoyo, estímulo para la divagación —y la agonía— secreta. Desde 1897, en *Paz en la guerra*, expuso Unamuno la delicia y la complacencia del ser sumido en la contemplación de sus propios problemas —espirituales, claro está; buen modo de ahuyentar los materiales, de otros— y aun en ese caso extremo el divagador opera partiendo de una posición social y de una situación que explican su actitud.

Un esquema tan simple como el propuesto anteriormente, Juan ama a María, X → Y, es ya radicalmente conflictivo, por asociación o por oposición. El enunciado sugiere una pregunta, ¿María corresponde a Juan?, que diagramáticamente se leería así: X ← Y. Las flechas que van y vienen expresan el conflicto, y la respuesta a la pregunta se lee en el desarrollo de la fábula, reducida —Pedro Salinas lo intuyó— a la esencialidad de los pronombres. Tú y Yo, descarnados y, acaso, hasta desencarnados, esperando encarnar en el suceso que los constituye, agregado o suma de incidentes creadores. Y esto es así aun cuando el conflicto en que se les instala no tenga solamente la realidad de la imaginación, sino la realidad de la historia. Se constata desde luego en los *Episodios nacionales* y en otras versiones de la novela histórica en que lo novelesco arrastra lo histórico y se lo asimila, pero también en un texto como *The Armies of the Night*, relacionado con la historia que se está haciendo, y que empezado a escribir y a leer como reportaje del «asalto» al Pentágono por ciudadanos opuestos a la guerra de Vietnam, se transforma, en el acto mismo de la escritura —y de la lectura— en un modo de creación: la del personaje narrador llamado Norman Mailer.

Con Mailer nos alejamos de los pronombres, de lo elemental de que se partía para sugerir que hasta la forma de contacto más simple incluye potencialmente la acción (el acto de querer), el conflicto (indiferencia, celos, desdén...), los incidentes y hasta el desenlace, dulce o amargo. Que esa relación no se establece en el vacío, ya quedó dicho. Desde luego en el novelador «realista» la invención de un mundo, la presentación en un contexto histórico-social, es condición inexcusable de la creación, el punto de partida. Mundo y sociedad son partes de la estructura y en simbiosis con ellas leemos al personaje. Aun en las novelas de clausura enrarecida en el yo —*El hombre caja*, de Kobo Abe— las situaciones dramáticas se relacionan con el ser y el estar del héroe en el mundo. Si el héroe es un neurótico, como el Oliveira, de *Rayuela*, es porque refleja la esquizofrenia de la sociedad en que vive. (Y Galdós me tira de la manga para que recuerde el desequilibrio de Isidora Rufete en *La desheredada*, causado por el derecho que cree tener a una posición «social».)

La vinculación hombre-sociedad sugiere una forma de caracterización negativa: reducido a cotidiano, a costumbre, no hay tragedia en el conflicto, ni por consiguiente, héroe trágico. Esto parece seguro si se piensa en la novela realista, escrita para un público a quien la idea de destino le resultaba incompatible con la convicción de que cada uno es hijo de sus obras y forjador de su futuro. Si como género la novela refleja y caracteriza las actitudes de la clase media —su «materia», según dijo Galdós— es natural que la acción dramática sea más propia que la acción trágica para retener a un lector persuadido de que una combinación de diligencia, perseverancia y astucia puede vencer todos los obstáculos. La extrañeza del hecho trágico extraña y desinteresa a quien se mueve en círculos tan diferentes.

Mundo y conflicto eran en la novela realista modelos adaptados a la imagen que el escritor se forjaba de su propio mundo; el desajuste no sólo hubiera sido inverosímil, también inconveniente. Intentaba el novelador aproximarse a una figura compuesta por la mentalidad de su tiempo, y en este sentido tenía razón Lucien Goldman: el escritor habla con la voz del estamento a que pertenece. Y paralelamente, el lector entra en el texto con ideas que en alguna medida superpone a lo escrito; de ahí la tendencia a desconocer lo que no se ajusta a sus esquemas mentales. Y esto no es negar la objetividad del texto, lo que Javier Herrero en un brillante ensayo llama «la significación del artefacto literario», significación cuyo descubrimiento corre a cargo del crítico [10]. Se trata de recordar fenómenos que ocurren aun en el descifrado más austero, independientemente de que quien lea suscriba —como yo suscribo— la afirmación de Herrero de que el lenguaje poético es «un vehículo de comunicación que se impone tanto al autor como al lec-

---

[10] Javier HERRERO: «The Great Icons of the Lazarillo: The Bull, the Wine, the Sausage and the Turnip», *Ideologies and Literatures*, I, 5, 1978; pág. 3.

tor». El texto hace al lector, sí, pero la lectura incluye preconcepciones de que el lector no puede desprenderse.

Texto, conflicto y personaje son construcciones verbales, y por lo mismo que son vehículos de comunicación transportan emociones e ideas. La ideología es parte del sistema. No es un «contenido» aislable del resto, sino uno de los factores del conflicto y a veces su raíz: analizarlo por separado, prescindiendo de su función estructural, es romper el equilibrio del conjunto.

En una gramática de la novela, y no digamos si se intenta pensando en Galdós, la ideología, trasfondo del conflicto, debe ser estudiada en relación con éste y con las figuras. Hace años, al comentar *Doña Perfecta* puse de relieve cómo el choque de dos ideologías (de dos pasiones, también) constituía la novela.

Ahora, al acercarnos a las novelas de Torquemada advertiremos que, si de manera más sutil, las ideologías siguen estando presentes, corriente oscura, en el subsuelo del personaje. Que ideologías y dinero emparejen no sorprenderá a quien haya vivido, mirado, nada más, el referente.

La lógica del personaje, es decir, la coherencia en su modo de operar, depende más de las ideas que de los sentimientos, salvo cuando éstos se convierten en obsesiones y degeneran en delirio, en una «idea fija», como la de Isidora Rufete en *La desheredada*. ¿Hace falta consignar que las ideas cambian menos y menos radicalmente que los sentimientos? *La familia de León Roch* responde en forma contundente y hasta truculenta; allí la idea fija se funde con las presiones del inconsciente y provoca la catástrofe.

Traducir la incoherencia como coherencia puede ser una posibilidad, y más: un imperativo. Mundo y hombre son tejidos de contradicciones («yo soy yo y mi contradicción»); la contradicción les constituye y por eso resulta ardua la tarea de entenderlos. La novela tiende a organizar y a explicar *por* la organización las imposibilidades que ¿refleja?, re-formándolas más que de-formándolas: no negándolas sino haciendo metódica la contradicción y coherente la incoherencia. Contra los riesgos de la cuadrícula, de la excesiva y paralizante rigidez conceptual se defiende el personaje siendo quien es y como es, resistiendo al autor como hicieron los de Cervantes y los de Dostoievsky, y oponiendo su libertad a la norma que intenta disponer de ellos.

ESPACIO. TIEMPO

Si la naturaleza tiene horror al vacío, así la novela, incluida la más reciente. Quien novela, quien escribe se sujeta por fuerza a la ley de la escritura: crear un espacio verbal. Aun para negarlo ha de empezar afirmándolo, como es evidente. Hayden White ha destacado esa evidencia en un ensayo de raro buen sentido al mentar «el momento absurdista» atravesado por los críticos empeñados en negar su propio objeto [11]. Y no sólo se crea un espacio verbal, sino un espacio «literario» que para los novelistas tradicionales había de ser tan habitable y respirable como el de la realidad. Enseñanzas y práctica aconsejaban situar en el espacio los instrumentos necesarios para hacer que el invitado —el lector— se sintiera en casa.

Reténgase, pues, que espacio novelesco significa

---

[11] «The Absurdist Moment in Contemporary Literary Theory», en KRIEGER Y DEMBO: *Directions for Criticism*, The University of Wisconsin Press, Madison, 1977, págs. 85 y siguientes.

en primer término espacio verbal, construcción en que el personaje se desplaza siguiendo el tejer de la trama, que —y no es paradoja— incorpora el espacio a su sistema como parte de la figura que dibuja. Y el personaje se desplaza en la corriente metonímica o en las súbitas transfiguraciones metafóricas. La imagen facilita la visión de los hechos y las figuras con una percepción diferente y más intensa; cuando en *Fortunata y Jacinta* presenciamos la rotura de la hucha en que Maxi guarda sus ahorros, nos parece asistir a un asesinato.

Significante en varios niveles, el espacio significa en el personal como creación del personaje mismo y en el social por la simbiosis hombre-sociedad. En ambos planos explica el incidente situando al lector en el gran teatro del mundo; no solamente frente a un escenario sino dentro de la metáfora en que todo es representación, pero representación de la verdad, y escenario levantado para hacer visible el equívoco.

Si como regla general no es dudoso que el espacio lo crea el personaje [12], el hecho parece incontrovertible cuando se mira en la novela fantástica: confinado en el espacio del sueño, la alucinación, la locura..., el personaje puede ignorar que son obra suya, pero no el lector. Negar la concurrencia de otras fuerzas a esa creación sería temerario, como demuestran las anti-utopías contemporáneas, desde Zamiatin a Delibes; el espacio y su habitante se relacionan dramáticamente, y no sé de mejor ejemplo que el de *Parábola del náufrago*, donde el espacio de la metamorfosis experimentada por el protagonista es obra de su esfuerzo, dirigido por los agentes del Estado, su enemigo y de todos [13].

---

[12] Este punto lo examiné con cierta extensión en «Espacios novelescos», *Plural*, n.º 11, Méjico, noviembre 1974.

[13] Sobre espacios simbólicos escribí en el que será ca-

En la novela del siglo XIX el espacio puede relegar el personaje a situación subordinada y vivir con vida propia, como en *Le ventre de Paris*, de Emile Zola, y aun manifestarse devorante (en *Germinal)* y mortal. Algo análogo se observa en los herederos norteamericanos de Zola, sobre todo en Upton Sinclair. Muy superior en concepción y en técnica a las obras un tanto rudas de sus predecesores, John dos Passos consiguió, en *Manhattan Transfer,* fundir espacio verbal y fragmentación narrativa en un espacio literario que es objeto, recinto y sujeto de la novela.

Unamuno, ya tarde en la vida, espacializó al personaje (en *San Manuel Bueno, mártir),* es decir, convirtió al héroe en refugio para los demás. Al presentarle utilizó imágenes espaciales —montaña, cielo, lago = cabeza, ojos, alma— y su actuación en el drama es espacial también: funciona como «piscina probática» a la que sus feligreses y devotos acuden para zambullirse y salir purificados. Su palabra y su amor al prójimo son agua lustral que restaura la pureza de los corazones.

En el espacio la trama se teje. Unamuno habló de la «lanzadera del tiempo» que no cesa de ir y venir. Del tiempo espacializado, de la acción en un tiempo que es a la vez espacio, como el de la memoria o el de la esperanza, apenas haría falta decir nada: espacio de la conciencia rememorante de *Un viaje de invierno;* espacio de la espera en *Miau* (espera, al fin, desesperada) que permite al lector asistir a otra metamorfosis, expresada en imágenes y figuraciones simbólicas. Al llegar a la serie de Torquemada se advertirá que el tiempo trae los

---

pítulo final de mi libro en preparación sobre el espacio en la novela. Sobre *Parábola del náufrago,* en «El naufragio como metáfora», *Homenaje a A. Rodríguez Moñino,* Castalia, Madrid, 1975.

cambios de espacio —geográfico— que la ascensión del personaje recomienda.

Si, como creo, ha llegado la hora de que se preste al espacio novelesco la atención que merece (y que en otros países se le ha concedido), mejor será pensarlo en su relación estructural con los demás componentes del objeto, y muy particularmente con el tiempo. Juan Ramón Jiménez tituló uno de sus poemas «Por los espacios del tiempo», y otro, quizá su creación más bella, se llama «Espacio» y trata de asociaciones e imágenes suscitadas por el paso del tiempo y presentadas en forma de lo que nunca con más exactitud puede llamarse corriente de conciencia.

Las variaciones espaciales no pueden detallarse aquí con la extensión debida. Piense el lector en la enorme gama de escenarios y en el efecto de su transfiguración en «espacios» que va desde los mares de Ulises y los campos de don Quijote a la chocolatería de Pedro Antonio *(Paz en la guerra)*, atravesados y mitificados los primeros por la aventura, que es tiempo, y el último por la intrahistoria que resuelve el tiempo en eternidad. Espacios espejeantes del don Sandalio unamuniano, del café-colmena en cuyos espejos se ve refleja la escena, la vida..., habrán de tomarse en cuenta. Cuando el espacio sea laberíntico, como en las ficciones de Borges, o en *Volverás a Región*, laberíntico será el tiempo; cuando aquél sea brumoso, así parecerá el tiempo de la narración, según acontece en *La última niebla*, de María Luisa Bombal. Tiempos sinuosos o espectrales corresponden a espacios análogos, como vinculados a personajes de la misma consistencia que su propio mundo-texto.

Calificar el espacio, entender su función y su coordinación en la estructura es, pues, esencial al esbozar una gramática de la novela. Los ejemplos de

Kafka, Delibes, Benet muestran cómo la utilización del espacio puede servir percepciones muy insólitas. Cuando Francisco Ayala (en *Muertes de perro)* sitúa en el retrete el trono de su tiranuelo, anticipa en la elección de escenario el espacio de abyección total dispuesto por el héroe.

Cuando ingresamos en el espacio de la novela galdosiana su temporalidad se impone; su historicidad, diríamos, pensando tanto en los episodios nacionales como en las obras llamadas «contemporáneas». Espacio, como ya escribí, cargado de alusiones políticas, referencias sociales, comercio, negocios, relación entre pobres y ricos. Los hilos de la trama se colorean en las corrientes de la historia; la trama, forma visible de la estructura, depende del modo narrativo que «afecta la sustancia de lo contado» [14], y a su vez es afectado por la situación histórica en que el cuento ocurre.

RITMO

Las ideas de Edgar Poe sobre el ritmo influyeron y marcaron en seguida la poesía; en cambio, casi tardó un siglo en discutirse el concepto del ritmo en la novela. Mientras la relación música-poesía salta al oído, y de la música procedía el concepto —y el fenómeno—, en la novela la relación era menos audible. E. M. Forster fue quien, en un libro muy leído y citado [15], lo trasladó a la narrativa, definiéndolo como «repetición con variación», y exponiendo algunos de sus efectos y formas. En una serie de conferencias recogida en volumen [16], E. K.

---

[14] David GOLDKNOPF: *The Life of the Novel*, University of Chicago Press, 1972, pág. 100.

[15] *Aspects of the Novel*, Edward Arnold, Londres, 1927.

[16] *Rhythm in the Novel*, University of Toronto Press, 1950.

Brown entró con más detalle en la cuestión, aportando nuevas ideas al concepto, y explicando la musicalidad de ciertos textos, entre ellos *To the Lighthouse,* de Virginia Woolf, escrito como una sonata en tres tiempos. (Y «Sonatas» había llamado Valle a cuatro de sus novelas juveniles.)

Amado Alonso, Samuel Gili Gaya y críticos posteriores estudiaron los ritmos de la prosa en nuestra lengua, y el ensayo del primero sobre esos ritmos en Valle-Inclán [17] es tan convincente como útil. Nadie ignora que la prosa tiene ritmos peculiares, pero al hablar de ritmo en la novela no me refiero a la dicción sino a la construcción, no a lo estilístico sino a lo estructural. (Y ya sé que la dicción es parte de la construcción.)

Una investigación sobre el ritmo puede y debe figurar en la gramática novelesca. Partiendo de la proposición de Forster y de las precisiones de Brown conviene preguntarse qué es «variación con repetición», cuál su función y cómo se relaciona con la estructura. Repetición es recurrencia, retorno al texto de algo que ya encontramos en él: una situación, una actitud, un gesto. Variación es alteración de algo, referencia de lo recurrente a lo recurrido, que no ha de ser mecánica si al provocarla se pretende añadir matices —es decir, significado— a la repetición.

Si la repetición no determina variación, como cuando el gesto es siempre idéntico —«rosquilla» de Torquemada, hecha juntando dos dedos en forma circular— o la reiteración verbal no supone cambio, como en el uso de la muletilla, tales recursos no sirven al ritmo sino a la caracterización del personaje [18], son medios no muy refinados de establecer

---

[17] *Materia y forma en poesía,* Gredos, Madrid, 1955.
[18] Sobre la muletilla en Galdós, véase: Vernon A. CHAM-

la continuidad de la figura. Cuando el gesto o la reiteración verbal van más allá del puro automatismo, logran lo que Brown llama «un exceso de significación» que les da otro sentido; es el caso de la capa de Torquemada, que más adelante puntualizaremos, reapareciente a muchas páginas de distancia, reiterando situación y símbolo, pero con sustancial variación.

La repetición con variación sirve una función unificante del texto, y vincula por vía homológica los comienzos a los finales, pues el propósito del gesto (dar la capa al pobre, legar parte de una mal ganada fortuna a la Iglesia) es allí y acá idéntico, aun si la situación no lo es. Se constata así un fenómeno que, por analogía con los términos musicales, tal vez pudiera llamarse modulación. El significado es más preciso, más ajustado al oído que se aplica al texto para captar la música de sus ritmos.

Paso del singular al plural, implicando que el concepto ritmo tolera la coexistencia de particularidades, o, quizá, que esas particularidades lo integran. Hay un ritmo global acomodado a la estructura y ritmos menores que sirven una función subordinada. En *Fortunata y Jacinta* la estructura se basa en un sistema de triángulos cambiantes; el ritmo opera siguiendo la ley de ascenso y descenso en las relaciones entre las figuras de esos triángulos: amor-subida; desamor-caída..., recurriendo con la regularidad de las mareas. Y paralelamente a lo íntimo, lo histórico: revolución-restauración..., y vuelta a empezar.

Repetición y variación ocurren en el tiempo. Y en él reaparecen objetos, como la manteleta en *La de Bringas*, emblemas del deseo y determinantes de la

BERLIN: «The 'Muletilla': An Important Fact of Galdós' Characterization Technique», *Hispanic Review*, vol. XXIX, 1961.

situación. Siempre la repetición afecta a la trama y, más, la hace como es. Tomando prestada una expresión de Unamuno, se diría que novelas como *La última niebla* dependen tanto de sus ritmos brumosos (la sinestesia es tolerable por ser expresiva) que pudieran llamarse visiones rítmicas, movimientos de una intuición para desarrollarse y traslucir en las vueltas y tornavueltas de la expresión todos sus repliegues, y desde luego los que no son perceptibles hasta que el texto (el adjetivo, la imagen, el símbolo) los revela.

Serie de modulaciones y no sólo de variaciones, la narración de Bombal, como las de *Azorín*, son temporalidad pura. «Todo es lo mismo y no es lo mismo», había dicho Juan Ramón Jiménez [19], y Azorín lo repitió, precisando que «vivir es ver volver». Dejo a un lado «el eterno retorno» y las figuraciones modernistas (aunque la metempsicosis no cabe olvidarla, por las razones que verá quien siga leyendo), para retener esa idea, tan sencilla: la obra crece de sí misma y por las modulaciones que van presentando lo mismo con distinto son, lo conocido con resonancia diferente. (La circularidad, y pienso ahora en un film como *La ronda*, de Max Ophuls, ejemplo perfecto, es la forma más visible del ritmo.)

Forster advertía, hablando de Proust y de «la breve frase» musical de Vinteuil, que los signos del ritmo no son constantemente visibles en el texto. La idea de la metempsicosis es en Torquemada uno de esos signos, y precisamente por ser una idea, algo latente en el cerebro del protagonista, allí dormido y quieto, sólo es visible cuando de la sombra pasa a la luz, haciéndose palabra y conducta.

Al describir la trama de *Realidad*, en un estudio

---

[19] En *Jardines lejanos*, 1904.

reciente [20], la vi constituida por una crisis central, la crisis moral y económica del protagonista, y por otras menores que la complican. Ahora quiero añadir que esas crisis imponen el ritmo, el dinamismo, el «suspense» de la novela. Y lo mismo ocurre en la serie de Torquemada. Como ese punto se examina luego con detalle, bastará anticipar que hay ahí una situación que se repite en variaciones que la confirman. El término invariable es el protagonista; el variable los antagonistas (distintos en figura, idénticos en función).

LECTOR. AUTOR

Identificar la estructura y descubrir los ritmos son dos objetivos de la gramática novelesca. Para conseguirlo recurriré al análisis metódico de sus componentes, que por razones obvias se hará por separado, mas sin perder de vista que son partes de un conjunto que les da sentido. Sentido que el texto guarda esperando la actuación de quien sepa encontrarlo, de ese curioso «lector», que tal vez entre líneas se insinúa y de ellas emerge.

Al lector se le ofrece el texto como el ovillo al gato, con esta diferencia: que la punta del hilo está dentro. La operación de buscarlo se llama técnicamente descifrado, y mientras la realiza, ese lector, insinuado en la página, constituido en la lectura, se institucionaliza y pasa de sí a lo otro, de su sistema personal de señales al propuesto en y por el texto. Se le incita al desarraigo y a arraigar en un territorio extraño, en los laberintos verbales levantados por el narrador para, desde ellos y en ellos, transportarle a los laberintos mentales. Asis-

---

[20] «Introducción» a *Realidad*, Taurus, 1977, pág. 13.

tirá con perplejidad a las mutaciones textuales que le proponen (Robbe-Grillet, Sarduy...) y se aferrará al hilo que es la palabra para llegar al núcleo del ovillo.

No nace el lector; se hace en la lectura y en la aceptación del descifrado como tarea. Cuando desempeña la función que le está asignada, *es*, y al ser en la textualidad su naturaleza cambia. Cambio de diverso grado según lo pensemos abstracto o concreto. George Poulet escribió: «Leer es el acto en que el principio subjetivo que llamo *Yo* es modificado de tal manera que ya no tengo derecho, hablando rigurosamente, a considerarle como mi *Yo*» [21]. Afirmación excesiva y, para mí, inaceptable, pues el hombre, sobre ser «ondulante y diverso», según decía Montaigne, tiene un fondo irreductible, una «autenticidad», en el vocabulario orteguiano, que permanece, se proyecta en la lectura y es parte de ella.

Alguien supone que el texto se consume en la lectura, convertida en sacrificio ritual, recomenzar incesante en un lector que es infinitos lectores. Si de novela realista se trata, la validez de la hipótesis puede ponerse su entredicho: Tolstoy, Dickens, Galdós pensaban la novela como referida a ella misma, pero también a otra cosa. Sus obras, pues obras querían, y no sólo textos, no se confinaban en la prisión del lenguaje [22] sino que desde ella apuntaban y «comunicaban» con diferentes niveles de realidad; son a la vez figuración imaginativa y referencialidad.

---

[21] «Criticism and the Experience of Interiority», en *The Structuralist Controversy*, ed. Macksey-Donato, John Hopkins University Press, Baltimore, 1970, pág. 60.
[22] La expresión procede de Fredric JAMESON: *The Prision-House of Language*, Princeton University Press, 1972.

Está por ver cómo se logra la paradoja de destruir la escritura escribiendo. En español, el ejemplo más inteligente que recuerdo es el de *En el estado*, de Juan Benet, y en él la destrucción conduce a una construcción regida por la ironía, ironía pura que utiliza la literatura para sus propios fines, registrando en la intertextualidad un sistema referencial exhuberante.

Dejaré la cuestión así, por el momento, y plantearé una pregunta final. ¿Dónde situar al autor, con minúscula o con mayúscula, en este programático examen de la novela? ¿Queda algo de él en el texto, y si queda, qué? Los excesos de quienes leyeron la novela como secreción de una intimidad suscitaron una reacción desvinculante de texto y autor, que tras fijar la autonomía del objeto ha pasado a sacralizarlo.

Flaubert predicó la impersonalidad como método, pero luego añadió: «Madame Bovary c'est moi». Objetivamente escribo, pero el personaje se envenena en mí. La alquimia poética hace que, nutrida la novela de imaginaciones, observaciones, lecturas..., cuando el autor mira en ella vea algo que procede de él, pero ya no es él. Y tan interesado puede estar en conocer cómo se llegó a ese resultado que para averiguarlo decida escribir una novela cuyo tema y cuyo título sean precisamente *Cómo se hace una novela*.

Novela del novelar, no del novelista (según Palacio Valdés llamó a sus recuerdos), traída a la literatura española no por Unamuno, ni siquiera por Galdós, sino por el fundador, Cervantes. Y en ese novelar se trasluce la huella de un forcejeo, una mentalidad y un propósito: descubrir en la creación, en el espejo los rasgos borrosos de una figura que la literatura misma (otro autor y otro texto, Balzac, por ejemplo, y *La peau de chagrin*) propone para sugerir que las palabras son algo más que cosas: el genuino instrumento de la creación y del conocimiento.

II

TEXTO Y CONTEXTO

El novelista del siglo XIX pretendía lograr dos cosas diferentes, pero no contradictorias y mucho menos incompatibles: un mundo autónomo y un mundo en el que se reconociera el mundo exterior; hacer la competencia al Registro civil y dotar de vida propia a los entes de la ficción. Unamuno, que empieza como novelador decimonónico, continúa como precursor de la modernidad, sólo adelantado, en la literatura de lengua española, por Galdós y por Leopoldo Alas.

Si no en los términos que hoy utilizamos, tan lejos como en 1870, Galdós había reconocido que la ficción, aun basándose en lo cotidiano, respondía a leyes propia y exigía el rigor de construcción característico de lo que debe vivir de sí mismo. Elogiando los *Proverbios*, de Ruiz Aguilera, escribió: «Los hechos son los más naturales de la vida, verificándose siempre con la más estricta lógica, cualidad que, unida al interés, constituye el secreto de la buena novela» [1]. Entiendo «naturales» por corrientes, cotidianos, y «lógica» por rigor y coherencia en la construcción.

Hechos «de la vida» y «lógica» de quien se siente impulsado a la creación, llámese Jane Austen, lláme-

---

[1] Benito PÉREZ GALDÓS: *Madrid*, Afrodisio Aguado, Madrid, 1957, pág. 240.

se Tolstoy. Creación, ¿de qué? Ya anticipé la respuesta: de un mundo, y de un mundo propio. En Galdós leemos: «La verdad es que existe un mundo de novela. En todas las imaginaciones hay el recuerdo, la visión de una sociedad que hemos conocido en nuestras lecturas; y tan familiarizados estamos con ese mundo imaginario que se nos presenta casi siempre con todo el color y la fijeza de la realidad, por más que las innumerables figuras que lo constituyen no hayan existido jamás en la vida, ni los sucesos tengan semejanza ninguna con los que ocurren normalmente entre nosotros»[2]. Textos así explican la reacción expuesta al comienzo de este libro; después de todo, Unamuno había dicho que el mundo novelesco es más real que «el de aquellos a quienes conocí o conozco vivos, y algunos de ellos los traté o los trato»[3].

La pretensión de crear esa realidad imaginaria y de hacerla vivir en sí, exigía escribir cumpliendo obvios requisitos: inventar personajes, imaginar situaciones en que desarrollarlos, describir el proceso de la manera más convincente... y, en el caso de los realistas, producir un objeto autónomo sin dejar de ser fieles al referente.

Personajes, conflicto y narrador, partes de un sistema que no podrá funcionar sin ellos y que funciona según su modo de relacionarse. Si ahora pensamos en la gramática del sistema, esos tres elementos y la estructura que los conecta reclamarán el tipo de investigación que me propongo hacer. Precisaré un poco más, excusándome por la redundancia: los personajes aparecen en conflicto, sin otra esencia que su conflictiva existencia; uno como agonista, otros oponiéndose activamente, otros más

---

[2] *Ibídem*, pág. 228.
[3] *Niebla*, ed. de Harriet S. Stevens y Ricardo Gullón, Taurus, Madrid, 6.ª ed., 1977, pág. 61.

pasivos. Alguien cuenta lo que ocurre y la ocurrencia le impregna mientras su palabra la forma; alguien recibe el mensaje y en silencio lo reconstruye y responde. Narrador, protagonista, antagonista, personajes complementarios y lector, y, claro está, el espacio creado por la palabra y las modalidades de la escritura.

Sencilla en apariencia, la tarea se complica cuando miramos a la composición de la novela como un sistema a cuyas partes se ha conferido autonomía. La del personaje, su no dependencia del narrador y aun del autor, es la primera ley del novelador realista —y no solamente de él—, y esto concedido, en la novela, como en política, una concesión lleva a otra, y de la autonomía se pasa a la independencia. El personaje vive la novela propia y en este sentido es o quiere ser autor de ella. Alonso Quijano inventa a Don Quijote de la Mancha, y éste inventa el amor y la amada. Galdós, en *Fortunata y Jacinta*, presenta a Jacinta viviendo *su* folletín, a Ido imaginándose marido calderoniano, a Fortunata soñando en hacerse ángel...; Manso imagina una novela de amor que Irene vive a su manera y Doña Cándida inventa a la medida de su embustera truculencia; en *Tormento* no se contenta Ido con la realidad en que el autor le ha situado y la transforma a la medida de su fantasía; todavía más transparente, la Benina de *Misericordia* hace su novela y hasta crea al personaje, mientras Almudena la transfigura en la fantástica invención de sus sombras[4].

¿No se puede, entonces, hablar de novelas en la novela, y pensar el conflicto como punto de coinci-

---

[4] Todavía ayer, en novela tan ascética como *El Jarama*, de Rafael SÁNCHEZ-FERLOSIO, se oye decir a un personaje: «Aquí cada uno se vive su película», eco de lo que oímos en *Fortunata y Jacinta*: «por doquiera que el hombre vaya, lleva consigo su novela».

dencia de aquéllas? Desde este supuesto me aventuro a un modo de lectura que tiene más en cuenta el dinamismo que las esencias, por creer que es en él donde se encuentra la consistencia y donde la conexión estructural se hace patente.

Esto sentado, procede instalarse en la realidad del texto y sin olvidar la historia, la sociología, la política, la psicología, la antropología cultural y otros instrumentos de valiosa utilización, esbozar una gramática de la novela galdosiana, siquiera, por el momento, limitando el estudio a una sola obra. Por ejemplo, a las historias de Torquemada. La elección no es caprichosa, sí natural, pues estas ficciones reúnen las condiciones, elementos de construcción y técnicas narrativas que caracterizan la escritura de Galdós.

La gramática de la novela no puede perder de vista la relación entre las partes y el todo y el modo de integrarse aquéllas en éste. La relación, bien observada por Lukacs y puntualizada por Kristeva, es de subordinación: «sumisión de las partes autónomas del texto a la totalidad del texto» [5]. Sin olvidarla, todavía será posible reconocer la totalidad como una composición generada por el movimiento y correlación de sus partes. Ese movimiento, imprevisible tanto en velocidad como en dirección, va dejando a un lado lo que Unamuno llamaba yo exfuturo (de la novela, en este caso), constituyendo acción y personaje en la trama que los lleva. Cada uno de sus componentes se forma sobre la marcha y en la forma adquiere el fondo que, como bien se sabe, es inseparable de ella.

Tal formación y tal forma son consecuencia de una afirmación y una mutación: ciertas líneas se **consolidan** mientras otras se alteran y tal vez se

---

[5] Julia KRISTEVA: *El texto de la novela*, Lumen, Barcelona, 1974, pág. 23.

desvanecen. La transformación de los elementos integrantes del objeto adquiere *un* sentido en la combinatoria que se produce en el texto y es el texto. El principio de la variación rige la combinatoria mientras va realizándose y no deja de operar cuando el narrador calla: concluso el texto, quedó abierto a lecturas que lo descifran, precisan *su* sentido y acaso le encuentran otros.

Determinadas aproximaciones se imponen en la variación (por ejemplo, el paso del protagonista de usurero a financiero altera la función, no la sustancia moral, o, más propiamente, inmoral del sujeto) y suavizan el tránsito de una unidad narrativa a otra. Tránsito que ocurre mediante un escalonamiento en las acciones que puede operar simultáneamente en varias direcciones. Espero demostrar que en el ejemplo propuesto, el cambio se produce a la vez en dirección ascendente (en lo social) y descendente (en lo moral) y es causado por el modo de entrar en conflicto los agentes.

En la novela realista solemos asistir a la presentación lineal de las unidades narrativas, casi siempre ordenadas en una cadena episódica cuya finalidad es destacar la singularidad de los agentes según cómo responden a las expectaciones que la acción propone. No parece posible reducir el episodio al acontecimiento temporal que desde luego es, pues su sentido va más allá de la temporalidad y se manifiesta en un código (no sólo verbal, también gestual) que la trasciende.

Sirve el episodio una función constitutiva del ente; en él se despliegan oposiciones entre los agentes y el narrador. Protagonista, antagonista, coro, narrador, autor implícito o explícito participan en el discurso-como-evento [6] e integran los predicados

---

[6] Paul RICOEUR: *Interpretation Theory: Discourse and*

en que consiste. Aplicada a la novela, esta idea ofrece, cuando menos, una sugestiva hipótesis de trabajo.

La escena, uno de los modos de presentación del episodio, destaca la relación como oposición entre los agentes-actores, incorpora al lector-espectador y le hace asistir a las variaciones de los dialogantes y decidir respecto a su significado. A la conexión dialéctica entre agentes se añade una tercera posición, una atención neutral y expectante cuya función es ante todo atributiva de significación a los datos lingüísticos o de otro tipo que los entes escénicos proporcionan. La significación lectorial no coincide necesariamente con la atribuida al enunciado por quien lo propone; obvio es que no siempre lo dicho y lo que se quiso decir son lo mismo. Por eso una lectura correcta implica el análisis del contexto para atenuar insuficiencias de la comunicación.

La percepción del contexto es imprescindible para la cabal recepción del discurso que en él se produce y al que se refiere; de ahí la necesidad de que la información transmitida incluya los datos precisos para entender ese contexto. Lo contado y quien lo cuenta, la situación y el situado son factores sin cuya dilucidación concurrente no será posible decidir sobre el sentido del texto ni entender la novela. Una de las funciones del narrador consiste justamente, en tratar esos factores de manera que cada movimiento del discurso determine un giro, por leve que sea, en la narración. Y hasta diría, un giro «interesante», si no fuera porque el adjetivo introduce un matiz psicológico perturbador.

Cualquier sistema narrativo es por naturaleza imprevisible en sus giros: en estado de latencia lo

_____

the Surplus of Meaning, Texas Christian University Press, Fort Worth, 1976, pág. 9.

a-normal e inesperado actúa como posibilidad que, aun si no se realiza, contribuye al interés y origina el fenómeno de espera inquieta llamado «suspense». La inseguridad en cuanto al desenlace es consecuencia de la tensión entre posibilidades cuya actualización responderá a la lógica interna del texto. Y dentro de esa lógica lo improbable será con frecuencia muy probable.

Dicho esto, conviene añadir que el texto no es un sistema tan cerrado como para excluir la comunicación con el exterior: una cultura, una sociedad, un haz de ideas, otros textos insinuándose en él imponen una lectura abarcadora del dintorno en que se inserta. Atenerse al texto es obligado; también lo es leerlo recordando la hegeliana advertencia sobre la orgánica totalidad de la cultura en que tantos elementos se interinfluyen. Negarse a extraer conclusiones sociales o éticas porque no están en el texto, o están por implicación, no sería ser riguroso sino limitado. Al imperativo de la textualidad *primero*, agréguese una dosis prudencial de contextualismo, con lo cual lejos de reducir la importancia de lo textual se prolongan sus resonancias en un ámbito que lo completa.

Las construcciones teóricas que distinguen entre agente y sujeto pasivo, entre dominador y dominado pueden traducirse en términos de mayor flexibilidad y variación a los de protagonista, antagonista, figuras subordinadas y coro. Adoptando esta terminología, menos al día pero no menos precisa, creo yo, se advierte mejor la disponibilidad funcional del ente, unas veces actuando desde una posición dominante y otras moviéndose según otros le dictan. Engarzados en la trama, construidos por ella, van siendo figuras, pero dependientes entre sí y ambiguas hasta el punto de aparecer como equívocos a quienes el argumento confiere un signo que atenúa por momentos su equivocidad: aliados o adversarios, son funciones narrativas pero también y en seguida impulsos, querencias hacia una configuración personal. (Y no hace falta entrecomillar «personal», al menos en el caso que pretendo analizar.)

Las secuencias del relato tienden a la progresiva humanización del ente, humanización que la voz narrativa reconoce y subraya. Proceso de un descubrimiento y acaso, como en *Torquemada*, de una alteración que en el narrador presenta características «novelescas» análogas a las de los sujetos de quienes habla. El discurso es el campo de toda creación, incluso de la del narrador, pues su función misma le atribuye una «persona» semejante en sustancia a las otras. Padre de la criatura(s), es igualmente su propio padre, surgente en la palabra que sobre darle habla le da sentido; pugna entre lo virtual y lo actual, la función le imprime carácter.

La narración, en cuanto modo natural de organizar en secuencia lógica los enunciados declarativos de la acción, habrá de ser objeto central del análisis. Supone la actividad narrativa un cúmulo de informaciones relativas al tema en cuyo tratamiento se despliega. Sin olvidar que entre esas informaciones cuenta la procedente de otros textos, no conectados al incidente, pero operantes como «modelos» o energías impulsoras y orientadoras de esa actividad. Orientadora, en primer término, por encajarla en un género (la novela «realista», en este caso) sometido a determinadas leyes, y también por proponerle maneras de aproximación a la experiencia que van de lo sentimental a lo irónico y figuras en quienes lo individual no deja de ser manifestación o variante de un tipo.

Dos hechos pueden considerarse irrebatibles: el de ser novela y no otra cosa —historia social, documento psicológico, análisis de una pasión...— lo que Galdós se propuso escribir en la serie de Torquemada, y el de que éste, un avaro, calificado por el ejercicio de la usura, había de ser el protagonista. Constataciones obvias, pero olvidadas con frecuencia en lecturas utilitarias o simplemente pedagógicas que ponen el acento en la letra que no lo lleva. Historia, documento y pasión están ahí, mas como componentes o elementos de la unidad llamada novela. También ahí están el dómine Cabra, Harpagón, Grandet..., pero como «modelos», variantes del arquetipo y no fragmentos de que se compone Torquemada. No es el personaje una mixtura, ni una combinación sino un ser en quien la persona obedece a los condicionamientos del texto, con talante muy suyo que individualiza su avaricia.

Antes de continuar, recordaré que el «carácter» en la novela es, ante todo, la función, el modo como contribuye el agente al desarrollo de la acción y cambia según la ocurrencia va formándole, y tomando forma. Sin entrar por el momento en mayores explicaciones adelantaré dos ejemplos tomados de *Torquemada:* Fidela se caracteriza por su pasividad, Donoso por su actividad (verbal). Actúa éste como «consejero», aquélla como «aconsejada»; dirige el uno, mientras la otra es dirigida e inducida a la aceptación de situaciones que la constituyen «pasiva». Uno y otro son parte del conflicto en que el modelo «vive», es decir, se constituye.

Esto dicho, me esforzaré en mostrar cómo bajo la función se insinúa «un alma», hecho que explica las actitudes observadas en la reunión de la M.L.A. Los determinantes de la situación que va creando al personaje concuerdan con la voluntad del autor de hacer del tipo un ejemplo, desmontando, para explicarlos, los resortes de la conducta. La coherencia, es decir, la lógica del personaje, junto a la psicología que se le atribuye. No se trata de negar la «realidad» del ente imaginario sino de entenderla en sus propios términos y en el contexto del espacio literario en que *es* y actúa.

Para Torquemada vivir es acumular riqueza, y lo consigue aprovechándose de las necesidades, debilidades y dificultades ajenas y escatimando en los gastos hasta extremos increíbles. Cuando se abre su entendimiento al mecanismo de las altas finanzas, descubrirá medios de enriquecimiento más rápidos y fructíferos que la usura, pero sin aceptar del todo el hecho de que la nueva situación impone dispendios que considera innecesarios.

La transformación del prestamista en financiero es el asunto de la novela, y el dinero su tema. Gira el argumento en torno a Torquemada, y trata de su puesta al día, que en cuanto a negocios es total. Desde la segunda novela de la serie, la «modernización» del personaje es, en este punto, completa. El lector la admitirá sin dificultad, afirmándose en su conocimiento del referente, y querrá que en el texto se justifique de manera viva y verosímil, sin que lo contado parezca manipulación o ingerencia de quien lo cuenta.

III

LA NOVELA DEL NARRADOR

Un rostro familiar (para el lector galdosiano) se trasluce en estas páginas. El del narrador personalizado, aunque anónimo, que conoce a los personajes, goza, padece y compadece con ellos y deambula por el mundo novelesco como en dominio propio. No está clara la parte que le corresponde en la invención, aún si parece que ésta le precede y existe antes de que él empiece a contar. Contará algo sucedido, uno o varios casos dignos de recuerdo: y será el escriba o escribano encargado de registrarlo.

Posee información abundante sobre hechos y personajes; lo sabe todo, y por eso y por su capacidad de seguir los movimientos mentales es justo calificarlo de omnisciente. Los cronistas mencionados al comienzo de *Torquemada en el purgatorio* corroboran la exactitud de sus saberes; no necesita inventar nada, ni ejercitar la imaginación, pues los incidentes descritos acontecieron en un espacio «real», dentro de límites geográficos y cronológicos bien determinados. La historia los arropa y les confiere realidad: Torquemada compra una casa de corredor en la Revolución, precios baratos; en la Restauración ve duplicado su valor.

Está el narrador en la novela y está en la historia, según funciona en el texto. Cercano a los agentes, les observa, analiza sus reacciones, juzga su conducta, esforzándose en transmitir una imagen expresiva de su figura moral. Hasta qué punto está personalizado se advierte desde la primera línea de la primera novela: «Voy a contar cómo fue al quemadero el inhumano que tantas vidas infelices consumió en llamas...»[7]. Personalizado y parcializado, pues en esa línea declara ya, en la metáfora y en la adjetivación, su propósito de contar desde la pasión y no desde la objetividad. No es un observador neutral; su cercanía a las figuras hace de la observación participación, toma partido sin ocultar (¿cómo podría hacerlo?) sus inclinaciones, su perspectiva beligerante. Curiosa experiencia la de observarle en sus zigzagueos y fluctuaciones, en lo que llamaré su novela, novela dentro de la novela o parte de la novela constituida por una peripecia tan curiosa como la vivida por los otros.

Novela de las actitudes y los cambios de quién, empezando por ver en Torquemada al monstruo, al diferente, acaba viendo al semejante, y, desde luego, a un producto de la sociedad que lo exalta. No es sólo el protagonista quien, con ayuda de Donoso, descubre el mundo de las finanzas, sino el narrador; él es quien entenderá en seguida por qué la imagen del financiero es socialmente aceptable y la del prestamista no. Ideas y actitudes que al personaje se le resisten, son asimiladas y explicadas por el narrador con gran claridad. Su saber va muy lejos, pues alcanza los recovecos de la conciencia, el mecanismo de la sociedad contemporánea y los contradictorios impulsos que suscita en las personas. A todas supera en visión y en experiencia, y a todas las sitúa en un cuadro general que les da sentido.

¡Qué novela la del narrador siguiendo a los perso-

---

[7] No se olvide que Torquemada es el usurero que tuvo en sus garras a Rosalía, en *La de Bringas*, y a Federico Viera en *Realidad*, a quien entre «ese pillo y su compinche Bailón» se la tenían armada (esc. V, jornada 2.ª).

najes del dicho al hecho y remontándose del suceso a la idea! Constatamos su penetración en el modo de transmitir un conocimiento que pareciendo fáctico es también imaginativo, adquirido y a la vez inventado. Pudiera vivir Torquemada a la vuelta de la esquina y no por eso sería como en el texto lo vemos, desde una perspectiva que no es la del lector, sino la de quien trata de implantarla en nosotros. Recordaré, por si acaso, que la realidad de la figura —de ésta y de las demás— es la del ente de ficción, y no la de nuestro vecino; lo contado no deja de ser novelesco aún si cada episodio puede ser documentado y acreditada su ocurrencia.

Punto de vista, peculiaridades de presentación y encuadre en el género producen en la materia narrativa una alteración —y una revelación—. El discurso la modifica, y añade un plus de significación. A este incremento contribuye la actitud del narrador, determinado por su perspectiva; neutral o beligerante, cercana o distanciada, su palabra abre avenidas a la percepción: calificando, yuxtaponiendo, constituida en imagen, presenta cosas y sucesos de manera distinta a la habitual, imponiendo al lector, si no una visión, un modo de ver.

Sucede así porque en el espectáculo está quien lo inventa y en el personaje el narrador, al menos lo suficiente del narrador como para que sea posible reconocerle y atribuirle un rostro. Así ocurre siempre, pero en estas novelas el hecho es más claro por los medios puestos en juego para distanciarse del personaje. Cuando, como sucede con frecuencia, el narrador subraya vocablos, expresiones o frases de Torquemada, o cuando pone notas al pie de lo dicho por éste, declara su diferencia y, más, su parcialidad, se instituye en crítico de la crónica y de quien la ocasiona, situándose sobre el lugar común y los lugares comunes del discurso.

Las páginas en que de tal modo opera, además de una crónica, son un diálogo con el lector. Diálogo sin más palabras que las de la crónica misma, suficientes para revelar cómo, sobre el hombro del personaje, el narrador se dirige a quien cuando descifra sus guiños (subrayados, adjetivos) comprende que le están dirigidos y son medio para establecer una relación de confianza, situándole al nivel de la escritura y del escritor. Un pacto cristaliza entre narrador y lector, y en ese pacto entre complementarios insinúa el primero una llamada de atención a su propio caso, a su novela, o sea, a cómo va creciendo y alterándose su diseño en la obra. Los cambios y tornavueltas del narrador no son incoherentes y equívocos, sino expresivos de rectificaciones impuestas por un texto que incesantemente le obliga a revisar juicios que creía definitivos.

Adelantaré un ejemplo a que luego prestaré más atención: el de Fidela, vista al comienzo de un modo y después, en distintas circunstancias, actuando y siendo otra. No es olvido, ni contradicción: es que el narrador se limitó primero a ver con los ojos, sin atender suficientemente a lo que ocurría, y más tarde, a la luz del entendimiento, va descubriendo tonalidades imprevistas. La relación Fidela-Rafael da lugar a revelaciones en el carácter de ambos que se ofrecen al lector con un mínimo de comentario, dejando que los datos presionen por sí y determinen el juicio.

No parece accidental el hecho de que al presentar una relación y cuando se trata de mostrar el personaje en su ser genuino, el narrador se borre y el discurso ceda a la escena, dejando que el ente ficticio se declare con su propia voz. La retirada del narrador indica voluntad de no ir demasiado lejos en la exposición de lo que su omnisciencia le permitiría decir. Para no parecer excesivo o temerario, esquiva toda conclusión y opta por el silencio (un silencio relativo, claro está): al lector corresponderá atribuir significación a lo dicho por los personajes, descifrando lo que en ellos más se oculta que se declara.

Este narrador, a quien saludamos como procedente del «mundo» galdosiano, del mundo en que se insertan las crónicas de Torquemada, desempeña una función unificante e integrante. Ese mundo, donde entramos y salimos, reconociéndolo —en su trazado y en su atmósfera, en habitantes y habitáculos— como único, es ante todo un complejo lingüístico, constituido por un cierto modo de tratar el lenguaje. Si las experiencias son otras es porque lingüísticamente son diferentes. Lo primero que debe hacerse es atender y asimilar la dicción.

El impacto del reconocimiento, como lo llamaba Edmund Wilson, se produce tan pronto como se entra en una novela adscrita a un orbe lingüístico ya transitado por el lector: palabras, acento, giros... le hacen señas amistosas, gestos orientadores. En las imágenes, en los símbolos, en las mitologías descubrimos un lenguaje peculiar, en este caso el galdosiano, que no es, aun si las conexiones de otro orden son innegables, el de Dickens, el de Dostoievsky, el de Balzac. Ana Karenina puede parecerse, muy de lejos, a Augusta Cisneros, Grandet a Torquemada, pero de cerca la semejanza se atenúa, se diluye, por decirlo así, pues la materia verbal de que están compuestos difiere sensiblemente.

De libro en libro, las resonancias se imponen. Y los parentescos: Isidora Rufete y Fortunata, Maximiliano Rubín y Federico Viera, Benina y Nazarín, tan disímiles como se quiera, tienen un aire de familia que los agrupa y asocia. Hablan una lengua común por la pluma del narrador, en parlamentos directos, diálogos, soliloquios... En realidad, Viera y Orozco son, como escribí en otro lugar, imágenes de la duplicación, que acaban pareciendo versiones del mismo ser. ¿Piensan lo mismo porque hablan del mismo modo?

Al citar y traer a la novela personajes procedentes de otras, el narrador incorpora el contexto al texto, suscita en éste resonancias que lo enriquecen e intensifica la sensación de realidad que el autor se propuso dar. Examiné hace tiempo lo que, en general, significa la reaparición de los personajes. Me limitaré ahora a añadir algo sobre el modo de operación puesto en juego a este respecto por el narrador torquemadesco.

La presencia de Augusta, principal figura femenina de *La incógnita* y *Realidad*, destaca por contraste el carácter de Fidela: la fiel y la adúltera. Augusta, como el curioso impertinente, en el *Quijote*, sirve para resaltar la condición de quien es su contrario, y, en cierto modo, su complementario («uña y carne», son). Hay también, en los últimos volúmenes de *Torquemada*, una novela soterrada, sólo aludida en el texto, pero bien recordada, según de él se deduce, en la memoria del narrador.

Figuras menores: Manolo Infante, Jacinto Villalonga, Manuel Peña y su mujer, Irene, Malibrán, etc., son los otros, el «mundo» encarnado en gentes conocidas, con un pasado de que narrador y lector saben. De sus opiniones se nutre la habladuría, el chisme, la sospecha pronto admitida como certeza. Rafael, que los conoce tanto como el narrador, entiende que son ellos quienes crean la imágen de los hechos aceptada por la mayoría. Incluso si la verdad es diferente, la «realidad» será la sospechada y defendida por ellos.

El narrador da por supuesto un lector informado

de cosas que en la página no constan [8]; un lector adscrito, como él, a ese contexto que marginalmente unas veces e incisivamente otras va siendo parte del texto. Refiriéndose a Augusta y a sus aptitudes para la murmuración, sugiere por implicación cuál es la función que aquí, como en otras ficciones, desempeñan las figuras de «los amigos»; la mujer de Orozco cultiva «con implacable saña» la violencia verbal, como «si tuviera que vindicar con la lengua ofensas de otras lenguas más dañinas que la suya» (502) [9].

Para la «nueva» crítica, trasmutados los sistemas en preceptos, obras como la de Galdós presentó dificultades. Hoy esas dificultades serán menores, pues la tendencia a escapar del confinamiento del texto, abriéndose al contexto y al referente parece haberse impuesto por la fuerza de su capacidad ilustrativa. Se admitirá así que el narrador pone la circulación del personaje al servicio de una concepción unitaria del mundo ficticio y a la vez la utiliza estructuralmente, con finalidades distintas en cada caso. El ente conocido trae consigo su historia y con ella y desde ella participa en la novela; su función es centrífuga y centrípeta: convoca en el texto incidencias, memorias, personalidades de que el lector tiene conocimiento, y a la vez proyecta el incidente hacia un espacio vasto, ficticio también, que por su vastedad misma hará más intensa la sensación de realidad.

Si la novela es un espejo que se pasea sobre un

---

[8] «Mis amigos conocen ya, por lo que de él se me antojó referirles, a don Francisco Torquemada...» (7); «Dos hijos le quedaron; Rufinita, cuyo nombre no es nuevo para mis amigos...» (10); «Sin necesidad de refrescar ahora memorias viejas, sabrán cuantos esto lean, que la hija de Cisneros y esposa de Tomás Orozco...» (494).

[9] Utilizo la edición de *Las novelas de Torquemada*, Alianza Editorial, Madrid, 1967. Las cifras puestas entre paréntesis en el texto corresponden a las páginas de esta edición.

camino, el espejo, y no sólo la mano que lo sujeta, tiene vida. Pues el espejo es el narrador, y el reflejo la narración en donde se integran las circunstancias del camino y las del cristal que las fue recogiendo. No es el espejo tan objetivo como Stendhal sugiere: la objetividad está limitada, en primer término, por el emplazamiento, la situación, la distancia, el momento..., y por el pulso de quien sostiene el instrumento. Un pasaje de George Eliot (en *Adam Bede)* aclara lo que quiero decir: «Mi mayor empeño es... dar cuenta fielmente de los hombres y las cosas según se han reflejado en mi mente. El espejo es, sin duda, defectuoso; los contornos algunas veces estarán alterados; el reflejo, débil o confuso, pero yo me siento muy obligada a decir tan precisamente como pueda lo que ese reflejo es, como si estuviera ante un tribunal, dando testimonio bajo juramento» [10].

Un excelente crítico norteamericano, J. Hillis Miller, comentando las palabras de Eliot, observa que «la conexión de la cuestión del realismo y la de la intersubjetividad aparece, en este texto, clara. Los reflejos en el espejo, en la formulación de George Eliot, no son inicialmente las palabras e imágenes de la novela, sino la duplicación en la mente del artista de «hombres y cosas» en el mundo exterior. La novela surge de la respuesta de la mente del novelista a la mente de otros según están encarnados en apariencias. La novela misma es una representación de otra representación, una relación de ella en palabras, la copia de una copia» [11].

Texto y comentario, novelista y crítico coinciden-

---

[10]   Citado por J. HILLIS MILLER: en «Three problems of fictional form: First person narrative in David Copperfield and Huckleberry Finn», en *Experience in the Novel*, Nueva York, 1968, pág. 27.
[11]   *Ibídem*, pág. citada.

tes en los límites de la objetividad. Convendría señalar cómo a las variaciones mentales, y a consecuencia de ellas, se añade la variable impuesta por el ajuste entre lo escuchado y lo repetido por una voz diferente, con ritmos y tonalidades propios. Cuando se acude al estilo indirecto libre, al monólogo interior o al puro diálogo; cuando entre mostrar y decir se opta por lo primero, es para salvar las dificultades de ajuste, para hacer como si el narrador quedara fuera, dejando que el reflejo aparezca mínimamente alterado.

Detallar todas las peculiaridades del narrador torquemadesco exigiría demasiado espacio. Bastará, creo yo, añadir a lo dicho que su tendencia a completar con reflexiones y comentarios lo reportado prueba que la mano que sostiene el espejo tiene ojos para ver lo no reflejado y una mente en que los reflejos experimentan sobre la marcha incesante y espontánea transformación. En cuanto comunica lo observado, el observador es un intérprete, y no podría ser de otra manera: en los casos individuales opera la situación, y de lo que de ésta no se ve dará cuenta el narrador, cuya conciencia social está evidentemente muy desarrollada.

Siendo el narrador una voz y siendo esa voz lo primero que «oye» el lector, atender al tono es inexcusable. Tono conversacional, familiar, como de quien habla a gente de confianza: a amigos que son lectores, más que a lectores-amigos. Y esos amigos lo son por compartir los supuestos de que parte, por hablar su lenguaje y entender sus ironías. No lo duplican, pero fueron criados a su imagen y actúan como él actuaría. Los «Pues, señor», los «Vamos a otra cosa», son indicios del modo casual con que la narración progresa, induciéndonos a revivir los episodios a que se refiere. En *Torquemada en la hoguera,* está más cerca del personaje que en los otros volúmenes. Cierto día le hablan de Valentín dos profesores amigos suyos: «lleváronme a verle y me quedé asombrado. Jamás vi precocidad semejante ni un apuntar de inteligencia tan maravilloso» (16). De testigo a partícipe interesado, con lo cual la expresión «novela del narrador» todavía puede entenderse en otro sentido. Tono e incidente encajan, y todo queda entre amigos: tú, lector; él, personaje; yo, narrador, conversando de cosas pequeñas, como lo es el dominio de la Geografía por un niño, pero que a todos interesan pese a su vulgaridad. Primores, ya, de lo vulgar, aun si la intensidad es menos deliberada y visible que en el pequeño filósofo. Necesariamente se crea una atmósfera cuya consistencia depende de la familiaridad del tono y de la relación entre las figuras, incluidos narrador y lector.

Impregnada la atmósfera, impregnado el lector, la vivacidad del paso narrativo responderá a la conveniencia de ajustar el ritmo a la presión del incidente que en *Torquemada en la hoguera* se cuenta y a la de mostrar la inquietud, la impaciencia de un narrador para quien la enfermedad del hijo del protagonista, y su desenlace, no es mero tema de conversación, sino algo que le afecta y revela que sus sentimientos respecto al personaje son más fuertes de lo que serían si reflejaran solamente su actitud hacia la invención; al seguir al padre sufriente en sus vueltas y tornavueltas no puede menos de contagiarse de su inquietud.

Con esta diferencia: subrayando la importancia del detalle, deteniéndose a precisar las imposibilidades del usurero (trascender su tacañería, entender la caridad como amor), se distancia necesariamente del suceso. La ironía de la actitud y la ironía del relato se acompasan, y la fluctuación tonal las hace más audibles. La mirada que vio a Valentín «como

Cristo niño, entre los doctores» (20), es la misma que ve a Torquemada llevarse «como recuerdo» (58) los cuadros del pintor moribundo.

Por cuidadosa selección de los detalles significativos, de los genuinamente reveladores de situación y estado de ánimo, la escena gana en solidez y en concentración y el novelista puede permitirse el lujo (lo que ya empezaba entonces a ser un lujo) de cerrar cada escena (la del mendigo, la de Isidora y su amante) como se cierra un eslabón al trabarlo con el que le sigue, y a la vez dejar abiertas ciertas expectaciones sobre el desenlace de la enfermedad del niño y el casi inconcebible cambio de Torquemada en el supuesto de que el pacto con Dios le hubiera salvado. Las escenas se suceden y el narrador cuida de no poner una dentro de otra, sino una después de otra, como lógicamente debe ocurrir cuando el asunto es tan compacto y unitario. Sentimos la pululación de un mundo mísero en torno a Torquemada, pero las referencias a este horrible territorio entran en la narración para fortalecer la línea general del asunto, no para proponer digresiones, ni siquiera distracciones. Nada se oculta, nada se disimula, como si el narrador ignorase el arte de la reticencia o por naturaleza estuviera incapacitado para practicarlo.

En los volúmenes ulteriores de la serie, las escenas (de costumbres, cómicas) se presentan como genuinas escenas de comedia. ¿Cuál es la situación del narrador en ellas? Su desaparición es relativa; se quita de en medio para ponerse detrás, donde no se le ve, pero se le oye. Supuesta la primacía de la tonalidad, esa limitación es significativa. Oiremos la voz de los personajes, y el tono, tanto como las palabras, ilustran sobre el sentimiento y el propósito.

5

IV

LA NOVELA DEL PROTAGONISTA

Partiendo de una observación de Locke («Las ideas se hacen generales cuando se separan de las circunstancias de tiempo y de lugar»), Ian Watt observó que si las ideas no se particularizan hasta que esas circunstancias son especificadas, «los personajes de la novela sólo pueden ser individualizados situándolos en un ámbito preciso de tiempo y lugar» [1]. Esto les distingue de figuras literarias como las de la Egloga o la Leyenda, suspendidas en lo intemporal. Watt mismo indica otra nota caracterizadora del ente novelesco: ser nombrado como los individuos lo son en la vida ordinaria: Moll Flanders y no Lorelei; Rafael del Aguila y no Salicio [2].

Estas observaciones, referidas a la novela realista, sugieren el tipo de analogía vigente entre ficción y realidad y los recursos utilizados por el autor para conseguir reacciones como la descrita al comienzo de este librito. Condición para el engaño a los ojos es la semejanza de las figuras con el lector, que al

---

[1] Ian WATT: *The Rise of the Novel* (1957), University of California Press, Berkeley, 1971, pág. 21. Este libro y el de W. J. HARVEY: *Character in the Novel*, Ithaca, Cornell University Press, 1965, son muy útiles para el estudio del personaje.

[2] Observación hecha asimismo por Marthe ROBERT: *Novela de los orígenes y orígenes de la novela*, Taurus, Madrid, 1973, pág. 81.

descubrirlas en la página se descubre o descubre zonas de sí hasta entonces en sombra. La lectura de novelas como las de Torquemada es entre otras cosas un modo de conocimiento.

Dos hechos quedan acreditados en ellas (como en tantas ficciones): *a)* el personaje se hace en una sucesión de crisis, y *b)* cada momento de la crónica es poco más que un punto de transición hacia otro. El ser, bien se sabe, depende de la situación y cambia según las opciones ofrecidas por ellas o las que él mismo imagina. Imaginación, espejo donde se refleja y herramienta para configurarlo. Las criaturas de la ficción, como su amigo el lector, viven mentalmente sus hipótesis antes de realizarlas, o de constatar su fracaso.

Y como él también, se nutren de expectaciones, son tensión de espera, cálculo del futuro y de sus repercusiones en el presente. La novela es un diagrama que va siendo descifrado según la lectura lo ilumina: creemos saber quién es quién, pero la página inmediata contradice la precedente y es entonces cuando comprendemos que la fábula no es continuidad, una línea más o menos ondulada, sino serie de secuencias con intervalos que, como en el alfabeto Morse, significan por su propio derecho.

A su vez el futuro forma el pasado. Enfrentados con la crisis descubrimos que necesariamente han de precederla escenas y momentos que la preparan y la justifican. La ascensión supone un punto de partida en el llano y caminar cuesta arriba: cada situación postula su contraria y si Gravelinas y el marquesado están en lo alto, al imaginarlos como fin de la novela se forzó el autor a presentar el ayer en lo bajo. La dirección de la corriente la impone el nivel de su desembocadura.

Corriente que fluye en el espacio y el tiempo, en ese tiempo humano mencionado por Watt, tiempo con principio y fin, ligados en la forma que estamos viendo: aquél generalmente conocido, éste ignorado en la contingencia pero seguro en el hecho. Que en el principio puede anunciarse el fin, en cuanto a la novela me parece innegable: en el caso de Torquemada el desenlace es previsible desde el punto que el usurero, cediendo al consejo de Doña Lupe, acepta la tentación de la metamorfosis.

La crisis es un conflicto que constituye en sí mismo una periodicidad y es necesaria en cuanto constituyente del «carácter» y determinante del ritmo. Si en estas obras las crisis son mortales, lo son de necesidad, urgidas por la presión del ente mismo que debe realizarse («redondearse», en el vocabulario de Forster), mostrándose tan complejo y contradictorio como el texto lo exige. Cierto primitivismo novelesco, a lo Alarcón, tiende a separar los personajes en dos grupos: buenos y malos, héroes y villanos. (El Galdós de *Doña Perfecta*, y aun el de *Gloria* procedía así), mas cuando el autor deja a un lado las tesis, y con ellas la voluntad de probar, los planteamientos serán más sutiles y los personajes más complicados, o sea más refinados artísticamente.

A esa complicación se accede por «la mutabilidad, condición de todas las cosas creadas, que están inmersas en tiempo» —según ya reconocía San Agustín, citado por Frank Kermode— [3], determinante de imprevisibilidad y sorpresa. El cambio no se origina sólo en las alternativas producidas por el paso del tiempo, sino en la estructura del ser, multiplicado y escindido en sectores comunicantes. La palabra formativa sólo será satisfactoria cuando integre lo consciente y la conciencia, tiñendo de sombra las luces. De ahí la conveniencia de utilizar técnicas de revela-

---

[3] Frank KERMODE: *The Sense of an Ending*, Oxford University Press, 1967; reimpresión, 1970, pág. 75.

ción que en última instancia son técnicas de introspección, desde el «dialogar a solas» hasta un onirismo de finalidades nada ambiguas.

Complejidad y esquematismo, tentaciones de la dialéctica creativa; complicación natural y tendencia reductora: Emma Bovary acaso llora en veinte ciudades de Francia, conforme observó quien lo sabía, pero las únicas lágrimas que al lector le importan son las vertidas en la novela de Flaubert, pues sólo en ella está el drama en orden, sin los estorbos de toda laya que la confusión impone.

Cualquier personaje novelesco, aun Don Quijote, aun Mr. Pickwick, es pieza en un mecanismo, función en una estructura. Es más, desde luego, pero es eso, ante todo. El orden de la ficción es de verdad un orden; el de la realidad, ya lo sabemos, es un desorden; aquél se rige por la congruencia y la sistematización, mientras éste es tan imprevisible como el de la lava corriendo volcán abajo. Tal es la razón de las disonancias entre el ente ficticio y su «modelo».

La seducción de la complejidad es tentadora, y se logra en buena parte por tanta información como sobre el personaje se proporciona. Las contradicciones le añaden interés y verdad, y destacarlas, insistir en ellas, es apropiarse la figura por la selección de los rasgos que *nos* parecen más importantes o más significativos, y que seguramente lo son en cuanto a su funcionamiento. Después de todo es el lector quien reconoce su posición en la estructura y valora la eficacia del *modus operandi*. En el proceso de deconstrucción y reconstrucción que es la lectura, se atraviesan curiosas zonas de atracción y de rechazo, hasta llegar al punto en que se ve al personaje como él y como su radiografía.

La reconstrucción se acerca a lo perfecto cuando se advierte que el personaje está desempeñando un papel y la constatación atenúa el reconocimiento de su autenticidad. Verdad de la ficción llevada por Galdós a su plenitud en *El amigo Manso*, cuyo ser de papel, además de no obstruir a su humanidad, fuerza incesantemente su recreación por el lector.

Malraux decía: «cuanto más describe Balzac un rostro, menos veo el rostro descrito. Veo al Père Goriot porque proyecto sobre él, confusamente, dibujos de Daumier»[4]. Es una impresión personal que no estoy seguro de compartir si pienso en las criaturas galdosianas: Torquemada, como Fortunata y Doña Perfecta, dejan ver bien rostro y compostura, probablemente por lo acusado de su tipicidad: la coexistencia de lo personal y lo genérico es muy cierta y el que los rasgos individuales sean tan marcados no impide reconocer los del tipo a cuya serie se adscriben.

En la delineación del personaje, Galdós combina amplitud de diseño y minucia de detalle, consintiendo al lector sustituir imaginativamente tal o cual particular de la descripción sin afectar a la configuración. Los ojos de Fortunata pueden ser de un color, más claro o más oscuro, según fueron los de aquella muchacha que cruzó nuestros años juveniles; los torquemadas y los gamborenas de nuestra experiencia, o de nuestra imaginación, se superpondrán en la lectura a los del autor. Negar este fenómeno de vaciado y relleno será negar la evidencia, sean las que fueren las doctrinas o los principios en que la negativa se ampare.

La imaginación se proyecta sobre lo imaginario. Sigo los rasgos de la descripción y se animan, levemente rectificados por la presión de la lectura. Fidela y Cruz cambian de mano; del narrador al lector,

---

[4] Citado por Jean-Loup BOURGET: «Ni du roman, ni du théâtre», *Poétique*, número 32, noviembre de 1977, pág. 465.

inmutables en la página, pero no en la mente que con sólo recibir su imagen la altera. Como si escapadas de quien las lleva afirmaran su libertad en la posibilidad de ser unas en la emisión y otras —siendo las mismas— en la recepción. No es exactamente así; en la lectura van afirmándose rasgos indecisos, determinándose lo indeterminado. En la indecisión hay una gama que depende de la intención y de las limitaciones autoriales; a las lectoriales se sujeta la concreción de la figura.

Caso extremo —y diferente— es el del director cinematográfico, desnaturalizador y violador del personaje: la Tristana de Buñuel no es la de Galdós; la Ana Karenina de la película es sencillamente Greta Garbo. Imágenes neutralizadoras del juego imaginativo exigido por la novela, incitantes en otro sentido y en diferente dirección.

Si la certidumbre total no puede lograrse en la física porque —y éste es el principio de incertidumbre, establecido por Heisenberg— las precondiciones necesarias para observar cómo se comportan las partículas atómicas (electrones, neutrones, etc.) son a la vez las condiciones que hacen conducirse anormalmente a estas partículas, la imposibilidad de alcanzarla en la crítica literaria es evidente. Los rigores del análisis y su vinculación a un sistema y a un método alteran la sustancia artística sobre la cual se ejercen. Es obligada, pues, una fidelidad extrema al material, que impone sus leyes como el discurso sus metáforas, nombres y ritmos.

Escribir una novela sobre la avaricia y la usura es buscar y mostrar la razón de ser de ellas: el dinero. Siendo éste el tema y tratando el argumento de su adquisición y acumulación (enriquecimiento de unos y paralelo empobrecimiento de otros, con reparto de los personajes en dos grupos: victimarios y víctimas) acertó Galdós al escoger como protagonista de la serie un hombre en quien la codicia y la insensibilidad del prestamista *parecen* (y subrayo doblemente la palabra) situarle extramuros de la humanidad. Desde el comienzo se le asocia con la odiosa figura de un perseguidor legendario, Torquemada, y el primer adjetivo con que se le califica es el de inhumano. Las imágenes iniciales, continuadas para impresionar al lector, generan el modo de la crónica, así como su vivacidad y la manera de ir directamente al grano determinan su ritmo.

Situación extrema la de *Torquemada en la hoguera*, por su intensidad, que no puede prolongarse sin deterioro, imprime a la narración características de rapidez y brevedad que en partes sucesivas pueden ser abandonadas. El caso será más ejemplar cuanto más directamente vaya al lector, y ejemplar quiere ser la relación del castigo, ¿divino?, en que incurre el usurero por su dureza de corazón. Irónicamente, cuando la historia esté acabada y el episodio inicial olvidado, la moral de la novela será muy otra de la sugerida en éste.

Introducción expresiva, dramatizada desde el «yo» que declara su propósito y su punto de vista («infernal verdugo», «fiero sayón» llama al «inhumano») con tanta contundencia. Contará «cómo» fue quemado el quemador, torturado el verdugo y convertido en víctima, cambiando los odios en lástima y las maldiciones en piedad. Relacionado con los otros volúmenes de la serie, este primero muestra que el sufrimiento infligido al inquisidor sirvió para endurecerle y no para aleccionarle, si por enseñanza se entiende capacidad de rectificar.

Caracterizado por su obsesión, el dinero, las situaciones no cambiarán el afán condicionante del protagonista, pero descubrirán otras zonas de su personalidad, una de las cuales queda muy pronto iluminada por su comportamiento. El usurero es capaz de amor y por su hijo lo siente tan apasionado que por salvarle la vida se decide a acciones contrarias a su naturaleza.

Primera batalla, continuada muy de otro modo en las mantenidas con Cruz, a quien se presenta como general en jefe, estratega, combatiente por la supervivencia de los suyos y de ella misma para reconquistar en la sociedad el puesto que por nombre y herencia le corresponde. No sería un chiste decir que este Aguila vuela o quiere volar muy alto; para lograrlo acosa a Torquemada con persistencia implacable, sin darle reposo, forzándole una vez y otra a realizar sus deseos.

Batalla, estratega, combatientes..., palabras declarativas en los volúmenes centrales y en el último de la serie. Torquemada está en oposición dialéctica a Donoso-Cruz-Gamborena, y de modo menos directo a otros personajes, incluyendo su propia hija. Con una diferencia importante: frente a estos otros sigue siendo el inquisidor, mientras respecto a los tres primeros, a los antagonistas, se produce una inversión de funciones y pasa de victimario a «víctima», cediendo su posición dominante, primero por persuasión a Donoso, luego a regañadientes y hasta pataleando a Cruz y a Gamborena. Esta inversión influye decisivamente en la trama, empujando al protagonista, quieras que no, a seguir caminos trazados por otros.

Del diseño primero: T contra X se pasa al contrario: X, encarnado en D-C-G, contra T. El mandón es dirigido, luego mandado y más tarde, como en esta sección se verá, atormentado. Así se muestra que «carácter» y «psicología» son piezas de un sistema que han de ser calificadas y valoradas según funcionen en él.

El hombre capaz de sentir amor es, ya se dijo, capaz de sufrir, y el sufrimiento le acerca al narrador y al lector. Más: lo que hay en él de grotesco, se atenúa, y al atenuarse permite que bajo la entidad tipológica, abstracta, se trasluzca el hombre «de carne y hueso». Bajo lo esperpéntico reconoce el narrador un sentimiento auténtico, y tal reconocimiento inicia otra conversión: la del narrador, humanizado por la humanización del personaje.

Decía Shelley que «un hombre, para ser verdaderamente bueno, debe imaginar intensa y cabalmente; debe ponerse en el lugar de otro y de muchos otros, debe sentir como propios sus dolores y sus placeres» [5]. Y esa aptitud, esa capacidad de simpatía la tuvieron Galdós y sus narradores. El de *Torquemada*, primero se deja conmover; luego, más profundamente, entiende las complejidades de la situación, y por entenderlas simpatiza con el personaje. Simpatía artística, quiero decir, y también, un poco, simpatía a secas.

Si Torquemada acepta pasar una temporada en el purgatorio, es por confiar en que a la salida le esperará el hijo renacido. Su reacción a la propuesta de sacar el título de Marqués que corresponde a los del Aguila es violenta, protesta y rebeldía por lo costoso del proyecto; después, pensando en el niño esperado, cambia de actitud: «... por la gloria de mi hijo haré cualquier cosa» (378), y no es afirmación hueca. En las escenas donde esa pasión se manifiesta hay elementos que llamaré, siguiendo a Flaubert, de lo «grotesco triste».

Ridícula como es la asimilación Valentín-niñodiós, expresa bien el sentimiento de quien la hace: las esperanzas respecto al destino del niño reencarnado no pueden ser más altas ni más insensatas. En las páginas precedentes al nacimiento y en el nacimiento mismo, acontecido justamente un 24 de diciem-

---

[5] P. B. SHELLEY: *A Defence of Poetry*, pág. 18.

bre, la lectura por el personaje de los signos de su esperanza le llevan a extremo grado de euforia. Así la caída será más fuerte, el golpe más irreparable.

Al lector, advertido de la calidad ilusoria de esos signos, no le sorprenderá el curso ulterior de los acontecimientos. Clarividente, el ciego Rafael del Aguila dice que Fidela «saldrá perfectamente de su cuidado», pero que la desgracia «vendrá por otro lado y en días que están lejanos» (390). Torquemada sólo oye la primera parte del aviso, pero el lector retiene también la segunda; cuanto ha leído le predispone a reconocer en Rafael ciertos poderes premonitorios, o, si se quiere, una intuición refinada por horas y horas de soledad meditativa.

Las noticias de la desmesurada buena fortuna de Torquemada en las semanas siguientes al nacimiento del segundo Valentín refuerzan la aprensión del lector, como si tanta prosperidad exigiera una contrapartida desdichada. Al comienzo de la tercera parte de *Torquemada en el purgatorio* se dice «la suerte más loca» acompañaba al financiero (ya no usurero), pero a la vez se menciona a quienes veían los hechos afortunados como «precursores de alguna catástrofe» (399). Asociando la prosperidad a la inminencia de las desgracias se mantiene viva la simpatía y hasta la piedad en quienes si sólo vieran el anverso de la situación sentirían como suprema injusticia una fortuna que, de este modo, se revela inútil para evitar las calamidades anunciadas.

No tardan en producirse, y pronto se sabrá cuál es el primero de los males presagiados por Rafael y esperados por otros, cumpliéndose así la expectación del lector: el nuevo Valentín, lejos de parecerse a su sabio hermanito es un caso teratológico. Así lo diagnostica Quevedito, yerno de Torquemada. Este hecho, y el invisible «lasciati ogni speranza», anuncia la entrada del usurero en el espacio de la desolación, el descenso del purgatorio, donde su transformación y purificación se realiza bajo la mano implacable de Cruz, al infierno de la agonía descrita en el último volumen de la serie.

Si para conocerse, el hombre debe reconocerse en el yo oscuro que le visita, también, y por idéntica exigencia, el hombre negro aspira a ver en sus sombras una posibilidad de luz. Tales posibilidades no se le niegan a Torquemada: las presiente en el culto del hijo muerto, y para hacerla realidad se somete, como Marlow, en *Heart of Darkness*, a lo que, dicho con cuantas reservas parezcan aconsejables, no dejan de ser ritos de iniciación a una sociedad que convertirá al anacrónico en representativo. Dramatizada y prolongada prueba, viaje a la luz emprendido tanto por deseo consciente de resucitar el hijo como por aquiescencia inconsciente a las disciplinas impuestas por Cruz y exigidas por la metamorfosis que habrá de transformarle en noble. Nobleza postiza, cierto, pero como el narrador se cuida de observar, no eran de catadura moral diferente quienes pertenecían, por casta y herencia, a una aristocracia metalizada y degradada, aun si su degradación presentaba otras formas.

Iniciación, pues, al mundo de las finanzas; no al corazón de las tinieblas donde Kurtz enloquece, sino al centro del poder, tenebroso también que Conrad situó certeramente, lejos del Africa «primitiva», en alguna capital europea. Iniciación a la alianza del dinero y la política y al funcionamiento del artilugio que rige las finanzas del país y el país mismo. Iniciación cumplida por intermedio de los antagonistas, Bailón, Donoso, Cruz y Gamborena, de quienes es arriesgado decir que fracasan en el intento de cambiar a Torquemada, pues lo que pretenden lo consiguen; la sustancia grosera sigue siendo idéntica a sí misma bajo la nueva función y en la nueva situación, pero la máscara se adhiere tan pertinazmente al rostro que llega a confundirse con él.

El viaje de Torquemada desde la casa de corredor de la calle San Blas hasta el palacio de Gravelinas sirve para ponerle en contacto con ambientes y modos de vida que desconocía. Douglass Rogers y H. B. Hall han mostrado cómo esos descubrimientos van unidos al del lenguaje necesario para figurar en esos medios y hacer buen papel entre las gentes con quienes se asocia, y cómo las constantes adquisiciones verbales contribuyen a la configuración del personaje [6]. Si otros han de predicarle y espolearle para que se resuelva a hacer lo que no quisiera, en este punto no necesita estímulo.

Instintivo, el deseo de articular su pensamiento en forma más «bella» apunta a un fin muy comprensible: hablar como quienes lo hacen correctamente para ser uno de ellos. Metalingüista sin saberlo, recoge las palabras, reflexiona sobre su sentido y las deja caer en el punto y hora convenientes. Pero, así como en la inversión del dinero siempre acierta, a veces falla en la del lenguaje. El discurso de gracias pronunciado en el banquete ofrecido por sus amigos, es un prodigio de equilibrio inestable, derroche de lugares comunes y de frases hechas que, precisamente por eso, no sólo es expresivo del discursante sino de una mentalidad que en él encontró portavoz tosco pero eficaz administrador. ¿No hablarían más o menos como él sus ilustres colegas del Senado y Consejos de Administración?

La humanización del tipo se acentúa en el matri-

---

[6] Douglass ROGERS: «Lenguaje y personaje en Galdós», *Cuadernos Hispanoamericanos*, n.º 206, febrero de 1967. Véanse especialmente las páginas 6-11 sobre lenguaje y aprendizaje social. H. B. HALL trata de nuevo el tema: «Torquemada. The Man and His Language», *Galdós' Studies*, editado por J. E. Varey, Londres, 1970.

monio. Casado con Fidela sin propiamente elegirla, sus sentimientos siguen la dirección previsible. Cuando embarazada, la mira como vaso delicado en que renacerá el niño prodigioso que la muerte le arrebató[7]. Más adelante, atraído a su esfera de influencia, accede a cuanto le pide y la relación es normal y apacible, a diferencia de la que mantiene con otros. Esa normalidad no coincide con el modo violento de presentación a que se sintió tentado el narrador; la extrañeza del lector ha de ser paliada, y lo es, mediante escenas de comedia casera, casi costumbrista, en que se enfrenta el protagonista con figuras que desmienten, por el dicho y por el hecho, el carácter (es decir, la función) que inicialmente les fue atribuido.

Señalaré todavía un último rasgo de la humanización torquemadesca: el cariño al hijo anormal, afecto hondo, después de muerta Fidela: «le quería y se maravillaba de quererle», y lo que es más, la imagen del pequeño monstruo le borra la del primer Valentín (554). Cierto que más adelante el narrador calificará de «oficial» ese cariño (573), pero su opinión no basta para contradecir el hecho de que el segundo niño borre la presencia del primero.

Que la función inicial («el inhumano», «la fiel») permanece, es cierto, pero también lo es su alteración en la corriente textual. Torquemada se mantiene en el cambio, pero negar que cambia es negar la evidencia. Lucha por sobrevivir en el ser antiguo, y

---

[7] «Cuidaba don Francisco a su mujer como a las niñas de sus ojos, viendo en ella un vaso de materia fragilísima, dentro del cual se elaboraban todas las combinaciones matemáticas que habían de transformar el mundo. Era la encarnación de un Dios, de un Altísimo nuevo, el Mesías de la ciencia de los números que había de traernos el dogma cerrado de la cantidad, para renovar con él estas sociedades medio podridas ya con la hojarasca que de tantos siglos de poesía se ha ido desprendiendo» (370).

esa lucha, larga serie de batallas que va perdiendo, es inútil: por mucho que se resista ha de ceder a la situación; seguramente entiende —siquiera de modo oscuro— que perder es ganar y cambiar acercarse a una cumbre que tiene su precio. Su prolongada estancia en el purgatorio muestra que no le falta razón para temer a Cruz, y el lector presente a sus tormentos (como el narrador que los describe) pasa de la comprensión a la compasión.

La voracidad del atacante, la continuidad del ataque, el hecho de que el sufriente padezca sin llegar a sucumbir y el nombre simbólico del victimario, dirigen la atención hacia el acto de reconocimiento que se producirá luego. Permítaseme recordar el gusto galdosiano por las figuras míticas o históricas, y cómo la adaptación de ellas a lo contemporáneo ocurre en forma degradada: la musa de la Historia será Mari-Clío; el Centauro, Caballuco; Tito Livio será y parecerá Liviano, etc.

La lectura simbólica de las novelas es reductiva. Los personajes pierden complejidad cuando sus contradiciones y la movilidad de su condición se diluyen en el símbolo. Se presta la simbolización al inmovilismo y con frecuencia es un modo de beligerancia instituido por el autor, una interpretación del texto por el texto mismo: leemos, Torquemada, y la proyección del nombre en la imagen es automática. Su humanización es posible precisamente por no ser figura simbólica (y ni siquiera el carácter berroqueño que le suponen los psicologizantes a ultranza), sino susceptible de ser alterado por las circunstancias, por el conflicto. Y su miseria es obra suya, no del destino; por eso tampoco es un héroe trágico. Lo que le ocurre sucede por una concatenación de hechos que sería impropio llamar «fatales».

Si las imágenes recurrentes del principio: quemadero, sayón, hierros candentes... y, desde luego, el nombre del personaje, imponían una visión, al acercarse a su final el texto propone una curiosa variación en la figura. Entre los cuadros acumulados en el palacio de Gravelinas, uno representa a Prometeo encadenado a la montaña y desgarrándole las entrañas el ave de presa que ni le mata ni le deja vivir; el gesto de ruda hostilidad con que Torquemada choca con él sugiere una reacción subconsciente que admite, creo yo, dos lecturas que siendo contrarias no se contradicen.

Prometeo roba a los dioses el fuego para ayudar a los hombres; Torquemada los explota y despoja y en este sentido puede ser considerado como el Antiprometeo. Robador sí, pero de sus semejantes, es puesto por alguno de ellos en situación paralela a la de aquél. Ofrécese así con el rostro bifronte de quien por la conducta es antiprometeico y por el padecer un Prometeo degradado.

Montaña de Prometeo, palacio de Torquemada, espacios desolados, tanto lugares de exhibición como de sufrimiento: la visibilidad es indudable, como lo es el padecer. Sin gran esfuerzo imaginativo, con sólo leer lo escrito según está escrito, se asimilará la tortura del tacaño a la del titán fabuloso: sacarle el dinero es desde luego, según la novela reitera, someterle a infernal tortura. La forma del suplicio la vemos claramente: devorarle las entrañas, y no en forma metafórica, sino muy real, pues el oro es su razón de ser y de vivir.

Y el ave de presa es, naturalmente, un águila, además de ser una cruz (el texto se enriquece con esta pluralidad de alusiones concurrentes a reforzar la imagen del sometido a tortura), águila de un Zeus que exige vivir en la cumbre, encadenado a la posición social, senaduría, bancos, marquesado, palacio; águila que, conforme expresivamente se dice, intenta sacar los hígados a su víctima, actuando por persona interpuesta, el sacerdote traído a la casa para que complete su obra.

Curioso que el choque de Torquemada con Prometeo sea a la vez acto de reconocimiento y de desconocimiento; por desconocerse en el nivel de lo consciente el gesto de repulsa es tan significativo, pues quien lo hace declara «muy bien empleado» el suplicio del robador del fuego. El robador del oro siente desemejante, extraña, la imagen del atormentado, y a la vez reacciona contra él: muy dentro algo apunta a la relación entre «el pajarraco» del cuadro y su imperioso verdugo. Incapaz de establecer conscientemente la relación, al condenar a la figura mitológica, se condena.

Hasta qué punto la conexión debe leerse irónicamente es materia discutible; como en tantos puntos, el narrador se inclina a la ambigüedad. Si Prometeo es *un* doble de Torquemada, la repulsa se explica mejor, pues odiar al doble es corriente, sobre todo si la equivalencia implica dolor. En la segunda parte de *Torquemada y San Pedro*, el héroe, enfermo, sufriente de males localizados, como era de esperar, en las entrañas (estómago, intestino), llega a creer que está siendo envenenado: «Y la idea que le taladraba los sesos descendía por la corriente nerviosa hasta el gran simpático, y allí se cebaba la infame, produciéndole un afán inenarrable y un suplicio de Prometeo» (580). Si el mal reside en el aparato digestivo (quizá es cáncer de estómago; no se diagnostica explícitamente, ni hace falta; con los síntomas y la localización basta), el del animal predatorio reside en la conciencia [8].

---

[8] En otra versión del mito prometeico, el castigo inflingido al titán es más sutil que el encadenamiento a la roca. Para castigarlo por haber robado el fuego del cielo, Júpiter crea una mujer, la primera (Pandora) y se la envía a Prometeo y a su hermano Epimeteo. Mujer, águila

Frente a frente con el sacerdote, a quien ve como encarnación de San Pedro, el usurero trata la salvación como negocio, y en ello influye el hecho de que se le exija, como condición del «contrato», que abandone a la Iglesia parte de su dinero. En los diálogos con Gamborena se traslucen las razones de una resistencia obstinada: el cura insiste en que este negocio del alma no es como los demás y en que él no es el portero celestial, pero Torquemada sigue creyéndole procurador de divinas agencias. Cruz, alejada del cuñado, reaparecerá para aconsejarle que deje un tercio de su fortuna a los pobres (la totalidad del dinero de que, según la ley, puede disponer quien tiene hijos), y el consejo le escandaliza. Desde su punto de vista la petición es abusiva. Torquemada reconoce en sus adversarios gente tan dura como él mismo, y sigue tratando el negocio a su manera, regateando hasta el fin.

Antes de ceder intenta reencontrarse, recuperar en los espacios del pasado el ser antiguo, y con él la salud perdida. Huye del águila y del palacio y de la roca para buscar lo irrecuperable. Pues los alimentos que le nutrieron ya no serán aceptados por un estómago enfermo, y devolverá los ingeridos con más gusto: vómito simbólico, cierto, consecuencia de esta última tentación por reintegrarse a la vida. Devuelto al palacio-prisión, cuyo nombre ha olvidado tan significativamente, la muerte no se hace esperar.

Final, se ha repetido en varios tonos, ambiguo. Delirante lúcido, imagina en el delirio una transformación económica beneficiosa para el país y para sí. Sutiles diálogos los de los últimos capítulos, diálogos humanísimos, con derivaciones de humor y una

y cruz, todo en una pieza afligen y devoran a Torquemada como en el texto se indica.

aceleración en el ritmo narrativo análoga a la de *Torquemada en la hoguera:* el motivo de la capa entregada al pobre reaparece y con él la idea del toma y daca, base de las negociaciones entre el financiero y el Creador. Oscilante entre la esperanza y el miedo, confiando en que médico y cura le salvarán cuerpo y alma, su gran proyecto, «la gran jugada» (606) que piensa hacer, la conversión de la Deuda exterior en Deuda interior, le sostiene y anima.

Cuando el sacerdote le habla de la avaricia como pecado que ha de reconocer, contesta exponiéndole sus planes; cada uno habla siguiendo la línea de su empeño: negocios, infierno, capa emblemática, y tras ella lo demás que ha de entregar para salvarse. Tal cruce de pensamientos y el hecho de que el protagonista esté atento a los dos negocios pendientes: el terrenal y el espiritual, dan a su muerte una configuración equívoca. «Conversión», su última palabra (651), puede referirse, como observa el confesor, a la del alma o a la de la Deuda[9].

René Girard ha mostrado que la conversión final del personaje, en novelas como el *Quijote, Demo-*

---

[9] Análoga ambigüedad se había registrado ya en el final de *El terror de 1824* (1877) al comentar el padre Alelí la muerte de don Patricio Sarmiento que por su candor le parece llamado al Limbo. El narrador, como el torquemadesco, objeta, con razón: «¿qué sabía él si su penitente había ido al Limbo o a otra parte?».

Robert RICARD, hablando del desenlace de la serie torquemadesca dice: «Uno de esos desenlaces ambiguos en que Galdós se complacía a estas alturas de su carrera, comparable al de *Angel Guerra* (1891) donde el héroe muere cristianamente, pero sin recibir los últimos sacramentos y sin saber bien lo que espera, y comparable al de *Tristana* (1892), cuya interrogación final: '¿Eran felices uno y otro?', tal vez se acerca bastante a la última frase de *Torquemada y San Pedro* (1895): 'no afirmo ni una cosa ni otra... ¡cuidado!'». *(Aspects de Galdós,* 1963, pág. 81).

nios, Los hermanos Karamazov o *Lo rojo y lo negro*, implica una neta contradición con las ideas mantenidas por él hasta entonces. La nitidez de esa contradicción y lo explícito de las palabras que la manifiestan no ocurre en Torquemada, y la palabra es, en contexto, sumamente equívoca. Lo que en las novelas citadas y Girard lo argumenta bien [10], es unívoco e inevitable, aquí no lo es; muy al contrario, el juego de palabras, por su equivocidad misma y por el aura que rodea al sujeto, se declara irónico y sugiere que no se ha producido aquella contradicción con el ser antiguo necesaria para que quepa hablar de conversión. Al revés de Don Quijote, no renuncia Torquemada a sus ideas y muere viviéndolas sin alcanzar la lucidez que Girard considera factor decisivo en la conversión.

Inútil parece, y fútil, decidir sobre lo que el texto dejó indeciso. ¿Conversión como inversión? En esa dirección apuntan los indicios verbales. El narrador registra los datos; el lector, ateniéndose a la información de que dispone, los valora recordando que la palabra última del protagonista se conforma al diseño de quien ha querido a la vez lo uno y lo otro: la salvación y el beneficio.

---

[10] La tesis de GIRARD la encontrará el lector en las páginas del último capítulo del libro *Mensonge romantique et vérité romanesque*, Grasset, París, 1971.

V

LA NOVELA DE LOS ANTAGONISTAS

Antítesis, oposición, contraste, elementos del drama. En términos de gramaticalidad los antagonistas encarnan la antítesis, canalizan el esquema, vitalizan y hacen visible la abstracción. A simple vista el bulto destaca más. Tesis y antítesis pueden resolverse en la armonía, en una instancia superior que, en nuestro ejemplo, se resumiría en una palabra: conversión. Si la escena se impone como forma y como medio es por consecuencia natural del enfrentamiento en que el drama consiste. La contradicción es así más notoria y más visible el movimiento de las figuras. Hasta la conjunción se lee como signo de oposición: *Torquemada y San Pedro*, como *Amor y pedagogía* —o, más lejos, *Pride and Prejudice*— lo prueban. En los tres casos una situación análoga.

Junto al protagonista y frente a él, la figura constante y cambiante del antagonista, encarnación y portavoz de otras ideas, situado en el extremo opuesto de la relación estructural. Figura constante, impuesta por la sistemática dramatización de las situaciones; cambiante, pues no es siempre la misma. La función no varía; el sujeto sí y la presencia en cada una de las partes de la novela de un ente que funciona como reductor del protagonista refuerza la impresión de unidad.

Un pequeño cuadro puede resumir las semejanzas recurrentes en la función de los antagonistas:

$$\text{Torquemada} \begin{cases} \text{Donoso} \\ \text{Cruz} \\ \text{Gamborena} \end{cases} \qquad T \begin{cases} \text{D} \\ \text{C} \\ \text{G} \end{cases} :$$

Los entes D, C, G corresponden a una misma figura, a un modelo: A = antagonista, lo que permite una clarificación y relativa abstracción del cuadro [1]:

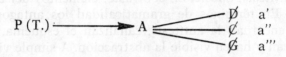

Los personajes son activos, generadores de acción, o pasivos, movidos por ella, contra su voluntad o de grado. Los antagonistas, militantes, combativos, toman con frecuencia la iniciativa, dirigen, apremian y acosan al protagonista e imprimen carácter al acontecimiento. Puede decirse que son los creadores del *nuevo* Torquemada, mientras los pasivos (Fidela, Rufina, Quevedito) contribuyen oblicuamente a esa creación.

Al escribir *Misericordia* mostrará Galdós que el personaje puede actuar como creador-generador de otros (Benina y don Romualdo). A velas desplegadas la invención constituye la realidad y la mentira se integra en la verdad. Frenada la fantasía, en las novelas de Torquemada el generador apunta una dirección conveniente, esboza un proyecto, como el de doña Lupe moribunda de casar al usurero, y espera que los acontecimientos se produzcan conforme los ha planeado. (Un proyecto puede exigir ima-

---

[1] Sigo a Williams O. HENDRICKS en *Semiología del discurso literario*, Cátedra, Madrid, 1976, pág. 138.

ginación, pero más realizable será cuanto menor sea la ingerencia de la fantasía).

Cuatro son los antagonistas, siquiera el primero, José Bailón, no tenga la energía ni la continuidad funcional de los otros, Donoso, Cruz y Gamborena, por la obvia razón, de que el volumen introductorio de la serie, único en que Bailón aparece, aun ligado a los demás, se diferencia de ellos por situar en primer plano la lucha del prestamista con Dios, combate consigo mismo que desplaza y hace olvidar sus disputas con el clérigo [2]. La coincidencia en función y divergencia en conducta de Bailón y Gamborena, insinúan la posibilidad de que el hábito haga al monje más de lo dicho por el refrán.

La función generadora y unificadora de Bailón opera en cuanto él es quien implanta en el cerebro de Torquemada la idea de la reencarnación. Le oímos decir cosas que éste no digiere bien pero que, más adelante, influirán de modo decisivo en su conducta: «—¿A dónde vamos a parar cuando nos morimos? Pues volvemos a nacer; esto es claro como el agua. Yo me acuerdo [...] de haber vivido antes de ahora. He tenido en mi mocedad un recuerdo vago de aquella vida, y ahora, a fuerza de meditar, puedo verla clara. Yo fui sacerdote en Egipto [...] allá por los años de qué sé yo cuántos»— [3]. Y añade en seguida:

---

[2] No discutiré la cuestión de si los cuatro volúmenes de la serie constituyen una obra única, Joaquín CASALDUERO sostuvo (*Vida y obra de Galdós*, Buenos Aires, 1943, página 111) la tesis de la independencia de los tres últimos volúmenes respecto del primero. H. L. BOUDREAU («The Salvation of Torquemada», texto mecanografiado distribuido a los asistentes al seminario de la M.L.A. Nueva York, diciembre, 1976) defiende la contraria. La idea de la continuidad no se opone, creo yo, a la consideración de *Torquemada en la hoguera* como una introducción a los restantes tomos de la serie. Una cierta «energía unificante» se da sin duda de alta en la operación autorial.

[3] Hasta literalmente recuerdan y anticipan estas pala-

«Su niño de usted, ese prodigio, debe de haber sido antes el propio Newton o Galileo o Euclides».

Cuando en *Torquemada en la cruz*, ya bajo la influencia de Donoso y rumiando las posibilidades de realizar el proyecto matrimonial sugerido por doña Lupe, el usurero escucha en su letargo la voz del prodigioso niño, muerto tiempo atrás, pidiéndole que le renazca, la idea de Bailón crece y decide al indeciso. Casarse será proporcionar a Valentín el seno materno necesario para reencarnar. El lector constata la continuidad y anuda los hilos de la trama. En sucesivas partes de la serie el motivo de la metempsicosis reaparece: «te naceré pronto», dice a su niño el protagonista al final de *Torquemada en la cruz* (244); «no sueltes un cuarto hasta que sepas si nazco o no nazco...», le advierte el niño reencarnante en *Torquemada en el purgatorio* (282); «es el hijo mío que vuelve, por voluntad mía, y decreto del santo Altísimo, del *Bajísimo* o de quien sea», asegura el reencarnador en la misma obra, y, nacido el niño, lo reconoce como «el mismo, el propio Valentín» (394). ¿Por qué no, si, según aventuró Bailón, en la criatura tempranamente muerta se había alojado el alma de Newton?

Si Bailón genera inconscientemente sueños futuros, no así Donoso, cuya conducta sigue una línea calculada con rigor para convencer a Torquemada de la conveniencia de asociarse con las Aguilas. Las divagaciones del extravagante y las reflexiones del persuasivo concurren al mismo fin, pero en dife-

---

bras la vigencia del modernismo, el clima espiritual de la época y, concretamente, lo dicho por Rubén Darío en algunos de sus poemas más memorables. Lo presentado por Galdós como peculiaridades de un oráculo mentiroso, Darío lo declara convicción en «Lo fatal» y en «Reencarnaciones», poema éste donde aparece un Egipto que por singularidad, religión y distancia se ajusta a los hechos de que prosistas y versistas tratan.

rentes niveles: flotantes en las aguas de la subconsciencia, las ideas de Bailón agitan el deseo de Torquemada de recuperar lo único que antepone al dinero, y de ese modo refuerzan los argumentos de Donoso que en el plano de lo racional quiere convencerle de las ventajas que le reportará el matrimonio.

Con todo su «materialismo», quizá no sean las razones de conveniencia las que deciden a Torquemada: seducido por la posibilidad de reencontrar el hijo más que por la de cambiar lo cierto por lo dudoso, el texto no deja dudas respecto a lo operativo de su deseo. Donoso cumple su misión con habilidad y paciencia. Embajador de poderes cuya fuerza real todavía se ignora, su antagonismo va haciéndose visible en la lenta persuasión del reacio a abandonar sus modos de vida; la diplomacia opera sin violencia.

Y el motivo de la reencarnación será central en la novela del protagonista y en la de los antagonistas. Si aquél se empeña en traer al mundo un nuevo Valentín, quienes pretenden cambiarle procuran presentar al mundo un nuevo Torquemada, metamorfoseándole para adaptarlo a realidades sociales de que el tacaño todavía no se hizo cargo: las realidades del capitalismo moderno; moderno entonces.

Tal metamorfosis no es el equivalente de una reencarnación; supone instauración donde ésta restauración, pero la analogía es clara. Ir más allá hubiera impuesto un abandono de la realidad contrario a la sustancia misma del incidente. La purgación de Torquemada bajo el despotismo de Cruz condiciona el cambio que de «vampiro de los pobres» le convierte en ¡«financiero de tomo y lomo». Las gentes de mundo, y cuantos se lo figuraban según la imagen de la leyenda negra, pensaban al verlo que no era el mismo, y se decían: «Es otro, o hay que creer en las reencarnaciones» (337).

Afirmar que los personajes, en este caso los antagonistas, son buenos o malos, carece de sentido. En ningún momento se advierte algo semejante a la alegorización en que Dickens incurría con tanto gusto y a la que Galdós cedió en alguna de sus obras —*Doña Perfecta*, por ejemplo—. En *Torquemada* los personajes se hacen en el texto; son visibles y muy visibles las fuerzas que los condicionan. Cruz empuja a su cuñado y le atormenta, contrariando su codicia, su tacañería, y a su vez es empujada por la dinámica social.

Del embajador al guerrero, el antagonista persuasivo de *Torquemada en la Cruz* funciona como combatiente en *Torquemada en el purgatorio:* el benévolo Donoso es reemplazado por la Cruz belicosa, por una *nueva* Cruz que no es sino la antigua, resucitada tras larga cuaresma de privaciones, y resuelta a dominar al protagonista, por ser ese dominio requisito imprescindible para la victoria. Torquemada y Cruz son dos extremos que se tocan en la guerra que los une. Torquemada se siente reducido, manejado, convertido en instrumento; Cruz, tan pronto como se casan aquél y Fidela, convierte en campo de batalla su relación con el cuñado.

Tiene que hacerlo. Ha sentido el desdén o la piedad desdeñosa en la mirada de los demás, y herida intenta restaurar la respetabilidad perdida. Ya sabemos que el camino de esa restauración, tortuoso y cenagoso, pasa por Torquemada (tan indiferente, por su parte, a cómo le miran y sólo interesado en acumular dinero). Y por eso será necesario transformarlo o, cuando menos, hacer como si.

Jean Starobinski en su estudio sobre Stendhal [4]

---

[4] Jean STAROBINSKI: *L'oeil vivant*, Gallimard, París, 1971.

investiga en profundidad la significación del acto de mirar y la reacción frente a la mirada hostil o la mirada irónica. Espontánea más que reflexivamente el mal mirado intenta parecer otro, transformarse si es posible, y si no (como es el caso del usurero), para empezar, disfrazarse. En la novela de Galdós se cumplen las conveniencias de la máscara y del seudónimo tan sagazmente analizadas por Starobinski: máscara de financiero sobre el rostro del tacaño; seudónimo —o su equivalente funcional— el de Torquemada convertido en Marqués de San Eloy.

Antes de seguir, conviene retroceder y recapitular el desarrollo de la operación novelesca tramada por los antagonistas. La continuidad y plausibilidad con que los sucesos enlazan es consecuencia del modo como se teje la trama, por natural derivación de un incidente al inmediato. La escena entre Torquemada y doña Lupe moribunda siembra la idea que irá creciendo en el cerebro del avaro hasta producir los resultados que sabemos; el proceso de maduración y resolución tal vez no se hubiera producido sin la intervención de Donoso. Hay una lógica en ese proceso y en cuanto después acontece, no tanto fundada en el carácter del protagonista, según ha venido manifestándose, como en la intuición (de doña Lupe) de que habiendo llegado Torquemada a un punto de su «carrera» desde el cual pudiera lanzarse a más lucrativas y socialmente «honrosas» empresas, el matrimonio con una de las señoritas del Aguila será «un buen negocio y una obra de misericordia» (77).

El maridaje de lo material y lo espiritual es otro rasgo unificante de la novela. Incapaz de entender lo espiritual sino *sub specie* de los beneficios que reporta, el usurero regatea con Dios para estar seguro de que su desprendimiento tendrá la compensación deseada. Hasta el punto de la muerte se aferra a la misma idea, y las dificultades con que Gamborena lucha no tienen otro origen. Por eso doña Lupe, buena conocedora de su socio, le habla de caridad *y* de negocio, lo que él traduce pensando el matrimonio como inversión que rendirá como excepcional dividendo el retorno del hijo.

La relación Cruz-Torquemada es continuamente presentada como batalla, y al usurero como habitante del purgatorio en donde se le mantiene para purificarle y convertirle en el hombre nuevo. Los indicios verbales no dejan lugar a dudas. Cruz le asalta sin descanso «para mortificarle y sacarle las entrañas»; se siente «mártir de las ideas altanerísimas» de la cuñada (341), que para limpiarle «esa lepra del préstamo usurario y vil» (329, 330), está dispuesta a no dejarle respirar sin su permiso (331). No es necesario multiplicar las referencias. El texto está sobrecargado de ellas, y el lector puede comprobar que la imagen propuesta en el título *(Torquemada en el purgatorio)* no es sólo metáfora. Tirana, déspota, verdugo..., Cruz encarna el deseo reprimido y negado por Torquemada de «reencarnar». Deseo revelado en la voluntad de adquirir vocabulario y modos de dicción apropiados a la nueva situación. Que en un momento de sinceridad confiese que lo dicho por él en memorable ocasión no tenía pies ni cabeza no afecta al empeño con que durante años procura enriquecer y cambiar su lenguaje.

Cuando Gamborena ingresa en el texto y desplaza a Cruz de la función antagonista, la relación estructural no se altera: la dramatización persiste aun si el combate tiene otra finalidad: la salvación de un alma. Gamborena posee las llaves del reino (celestial) y encarna las fuerzas de la espiritualidad (siquiera en la exigencia de compensación económica entre un elemento «materialista» que apoya la visión torquemadesca de la salvación como parte de un trato) llamadas a debelar la codicia. Las fuerzas en pugna se presentan en acción y no en reflexión. No se arguye; se muestra el argumento en el movimiento.

Entidad tan abstracta como «la Iglesia» es representada (y utilizo muy adrede esta palabra) por un ex misionero, inclinado por vocación y oficio a convertir infieles, mezcla de lo belicoso y lo evangélico, combativo a sus horas, pero menos imperioso que Cruz[5]. Sigue la batalla, pero atemperada por cierto respeto a los sentimientos del adversario. Si Cruz se contentaba con vencer, Gamborena necesita convencer; el título de la última parte, la que registra su enfrentamiento con el protagonista, difiere significativamente de los rótulos puestos a las precedentes: a la hoguera, la cruz y el purgatorio, imágenes de sufrimiento, les sustituye San Pedro, imagen de esperanza; el sacerdote es visto como proyección del celestial vigilante que abre las puertas de la vida perdurable.

La actuación de Gamborena es la del mediador y suscitador del cambio que Cruz ni intentó ni podría intentar. R. W. B. Lewis opina que el «cambio significativo moral o psicológico»[6] constituye lo que llamamos acción; en el caso de las novelas de Torquemada esta opinión la corrobora el texto. Y el hecho de considerar redimible al protagonista dramatiza la acción, pues presenta el desenlace como incierto; el usurero puede ser «malo» (aunque si se le compara con los demás personajes llamarle «el peor» es exagerado), pero es susceptible de conversión, como lo fue de cambio.

Hasta el final resuena el tema del dinero, y no

---

[5] Sobre Gamborena, véase Francisco Ruiz Ramón: *Tres personajes galdosianos,* Revista de Occidente, Madrid, 1964, páginas 162-174.

[6] R. W. B. Lewis: *The American Adam* (1955), Chicago, 1966, pág. 86.

sólo en el protagonista. La condición puesta a la salvación por el director espiritual, y anticipada por Cruz, es económica: buena parte de los bienes adquiridos por usura deberán pasar a la Iglesia para que ésta legitime lo ilegítimo y abra o entreabra las puertas de la eternidad [7].

Un círculo se cierra y con él caducan los empeños desamortizadores: los bienes que fueron de la Iglesia a la Iglesia deben volver. Tal es la tesis expuesta por Cruz, que, atenuada y todo, resume bien la opinión de los grupos sociales más conservadores: «La llamada desamortización, que debiera llamarse despojo, arrancó su propiedad a la Iglesia, para entregarla a los particulares, a la burguesía, por medio de ventas que no eran sino verdaderos regalos. De esa riqueza distribuida en el estado llano, ha nacido todo este mundo de los negocios, de las contratas, de las obras públicas, mundo en el cual ha traficado usted, absorbiendo dinerales que unas veces estaban en estas manos, otras en aquéllas y que, al fin, han venido a parar, en gran parte, a las de usted» (621, 622). Palabras de verdad, pero de verdad a medias, pues no se dice cómo esas riquezas fueron primero concentradas, «absorbidas», según dice la señora, por la Iglesia.

Ironía punzante que sea Cruz quien hable así. El lector, aun de flaca memoria, recordará que fue ella quien metió a Torquemada en el mundo «de los negocios, de las contratas, de las obras públicas»; ella, con ayuda de Donoso, tramó la novela de su conversión de usurero en financiero, y luego, cooperando con Gamborena, quiere que haga a «los institutos religiosos» partícipes de los beneficios. Y ni Cruz ni Torquemada caen en la cuenta de quiénes

---

[7] Treinta millones de pesetas, según Donoso, o sea, tal vez 4.000 ó 5.000 millones de pesetas 1979.

son las verdaderas víctimas de los negocios que permitieron acumular las grandes fortunas decimonónicas.

Por la intervención de Cruz, «ama» de San Pedro, el sacerdote se ve excusado de hacer insinuaciones dinerarias y puede asegurar, que «predico la moral salvadora, amonesto a las almas, les indico el camino de la salud; pero no intervengo en el reparto de los bienes materiales» (623). La palabra «reparto» pone al desnudo lo que significa la propuesta de Cruz, y su intención última. Gamborena no quiere «la capa», nueva o usada, de que el moribundo está dispuesto a desprenderse, sino el arrepentimiento del pecador. Y el financiero, habituado al regateo en el trato, eso no lo entiende. «Descompuesto el carácter [...], destruida su salvaje independencia, la certidumbre de su próximo fin le trastornaba» (626), pero la transformación se atenúa cuando el miedo a la muerte disminuye, y cuando las ansias de la agonía le hacen pensar que no ha conseguido lo que esperaba a cambio de lo legado a la Iglesia: la salud. Quiere entonces que le sea devuelta «la capa», pues, como ocurrió al morir Valentín, Dios no cumplió su parte del convenio. Con dar un «chaleco en buen uso», según dice con involuntario humor, será suficiente.

Agonía, batalla y novela concluyen a la vez. La novela de los antagonistas y la del protagonista, sometido y, por decirlo así, vencido. Que San Pedro le abriera o no las puertas del cielo, nadie podrá afirmarlo; que Donoso, Cruz y Gamborena se hayan salido con la suya, nadie podrá negarlo. Converso o no, impenitente desde luego, Torquemado fue sacado de sus casillas, llevando por manos hábiles a los espacios que la ambición del Aguila concebía como propios. La conversión pudo realizarse en lo social, porque entre los proyectos torquemadescos y los de

Cruz había diferencia de grado, pero no de sustancia: ambos consideraban el dinero como valor supremo de la existencia. La avaricia de Torquemada era un anacronismo; con ojo más seguro Cruz veía el lujo como inversión destinada a abrir más anchos caminos a la riqueza.

Al final, el protagonista es ya campo en donde el combate se libra entre Satán (el egoísmo, la avaricia, el apego a los bienes terrenales) y San Pedro. Perdido en el delirio y la inconsciencia, no puede intervenir en la «formidable batalla»; por boca del moribundo habla «el enemigo» (648), como si ya se hubiera posesionado de la presa disputada; lo terrenal y el deseo de entrar en el recinto de cuya puerta es guardián el sacerdote se mezclan en sus palabras, ambiguas, como la última tan equívoca, que exhala al morir.

VI

LA NOVELA DE LOS PASIVOS

El proyecto novelesco aceptado y realizado por Galdós se basaba en formas y tradiciones cuyo primer supuesto es la presentación imaginativa de la realidad. Partiendo de una exigencia constructiva de tendencia mimética, los elementos de ficción habían de organizarse en un sistema de relaciones análogas al del mundo en que el autor vivía. Más aún; la creación imaginaria era a la vez testimonio y tentativa de explicación del referente: la confusión de lo natural se sustituía por un orden, por una gramática en que cada perspectiva servía para apreciar de modo diferente (y complementario aun si antagónico) los matices de la situación.

Narrador, protagonista y antagonista(s) son unidades perceptuales de la situación, pero es obvio que en ellas no se agota la capacidad presentativa del sistema de oposiciones y contrastes que subyace como pauta estructural de la novela. Ya advertí que junto a los agentes de la acción figuraban otras entidades, esencialmente pasivas aunque dentro de ciertos límites no desprovistas de capacidad de iniciativa y de reacción. Los sujetos de quienes en este apartado voy a hablar se definen por su modo de relacionarse con los agentes, es decir, por la pasividad, no absoluta, pero sí caracterizadora que les imponía la función.

La acción los constituye en pasividad para complementar la actividad de otros: el dominante postula un dominado, la autoridad requiere súbditos en quien ejercerse. Para ser quien es y como es, Cruz necesitaba a Fidela, y, por la misma línea de exigencia, Rafael, el varón de la familia, había de ver coartada su libertad, había de quedar reducido a conciencia expectante, impotente para el libre movimiento. Rafael y Fidela no son cosificados, sí disminuidos por la voluntad que los rige.

La narración de los incidentes que les afligen pudiera calificarse de novela en sombras, y no por hacer un juego de palabras sobre la ceguera, sino para aludir a una serie de episodios que muy ligados a la línea general del argumento aparecen en la trama con hilos «oscuros»; a primera vista no es perceptible el dibujo intentado al tejerlos según están. Descubrir «la figura en la alfombra» es, bien se sabe, parte esencial del descifrado y lo relativo al personaje de Rafael no es sólo interesante, sino incitante.

Llamar «novela» a los episodios centrados en torno a estas criaturas parece permisible si al hacerlo se apunta a lo romancesco e imaginativo de unos hechos que encajan bien con el resto, incluso si alguno tiene un cierto carácter marginal. El joven ciego, por su actitud frente a Torquemada es otro antagonista del protagonista, pero también, dentro de su impotencia, lo es de Cruz, a cuyos planes y a los medios puestos en juego para realizarlos se opone en la medida que le es dable hacerlo.

Su novela le vincula a los demás, a sus hermanas de quienes depende —y sobre todo a Fidela—. Entender lo que se dice es fundamentalmente cuestión de sensibilidad para el tono: no basta oír las palabras, es necesario captar el acento y la inflexión que deciden su sentido; leer en las insinuaciones lo que ni está ni puede estar claro porque quien habla no parece seguro de sus pensamientos y menos aún de sus sentimientos. Inicialmente Rafael no sabe lo que Fidela le hace sentir, pero sí que entre sus hermanas hay una diferencia casi palpable. Donde Cruz es paternal, enérgica, activa y autoritaria, Fidela es femenina, sumisa, pasiva y subordinada.

Imágenes de los padres se proyectan en la de las hermanas. En el recuerdo del ciego son fuerzas influyentes de modo muy distinto. El confinamiento en la ceguera, en sí espacio aislante —y en su caso protector, aunque parezca paradójico—, le permite sentir intensamente lo pasado y transferir a lo presente emociones de ayer. La madre idealizada y el padre menos perfecto reviven en la Fidela dulcísima y la Cruz dominante. Pensando la hermana favorita como encarnación de la madre muerta, su preferencia quedará justificada y enmascarada.

Cuando el narrador habla de la relación entre Rafael y la hermana menor, su omnisciencia se enturbia; no parece advertir bien lo que ocurre, y menos las causas profundas de la conducta. Quizá se convierte en un «narrador protector»[1], que cediendo a consideraciones ajenas a su función, retira información que pudiera dar impresión desfavorable del personaje.

En mi opinión, el narrador no ve igual a todos los personajes: irónico y hostil a menudo, Fidela le atrae y más según adelanta la novela. A Rafael, como digo, quiere protegerle, y lo hace hasta el punto que tal cosa es posible, pues el respeto a la realidad de los hechos acaba imponiéndose. Sombras se extienden sobre determinadas páginas, pero como nubes impulsadas por el imperio de la función, traslucirán, al fin, las claves ocultas. Cuanto se dice de

---

[1] Philip M. Weinstein: «The Exploitative and Protective Imagination», *The Interpretation of Narrative Theory and Practice*, Harvard University Press, Cambridge, Mass., 1970. Véanse pág. 208 y siguientes.

la actitud de Rafael hacia sus padres permite calificarle en vocabulario freudiano como sometido a un complejo edípico, y, cuando Fidela, a quien ha transferido la pasión que sentía por la madre[2], case con Torquemada, su odio por éste será mayor (y en parte irracional) porque le sirve para dar rienda suelta a tenebrosos sentimientos experimentados frente al padre.

Describir a Rafael recluido en las sombras de la ceguera es literal y metafóricamente exacto. Para completar la descripción y precisar la forma de ese confinamiento, ha de añadirse que al enclaustramiento contribuye el hecho de que el ciego viva en y de sus propios mitos. Mitos de clase, de un aristocratismo que le permite creerse diferente y superior al medio (a los negociantes, politicastros y correveidiles que le rodean, más que a los pobres y desamparados)[3] y que se afirma en la pobreza, como en un reducto del que Cruz abrirá las puertas al enemigo, enemigo por partida doble, pues sobre pertenecer al estamento de los traficantes con la miseria y la angustia ajenas, hará suya a Fidela.

Perdido y tratando de encontrarse en sus laberintos de sombra, deambula incansable en el espacio de la ceguera que le reduce a soledad e impotencia. Ceguera y soledad le separan del mundo «otro» en que se mueven sus semejantes, veladores y testigos. Bien delimitado por la sombra, el espacio se extiende hacia la conciencia en que sueña la novela de su forzosa pasividad. Así, el drama interior ocurre y se

---

[2] «Lo que más quiero en el mundo eres tú. En ti veo a nuestra madre...» (209).

[3] «En los tiempos que vienen, los aristócratas arruinados, desposeídos de su propiedad por los usureros y traficantes de la clase media, se sentirán impulsados a la venganza..., querrán destruir esa raza egoísta, esos burgueses groseros y viciosos...» (249).

representa en esa conciencia lúcida para juzgar a los demás, sensible a la impregnación del sentir de sus hermanas, pero incapaz de ver más allá del velo que hace impenetrables las tinieblas de dentro como las de fuera.

Alguna vez discutí la clarividencia de los ciegos galdosianos y expuse cómo en estas ficciones quien no ve lo de fuera, cala mejor en el interior de las conciencias. Las «iluminaciones en la sombra» son las fantasías de la ceguera, recinto en que no hay otras luces, sino esos destellos de la imaginación raciocinante. Bastará añadir, siguiendo una idea de Masao Miyoshi, algo de lo dicho por él a propósito del protagonista de «The Lifted Veil», de George Eliot, personaje semejante a Rafael en la aptitud y disposición para prever el futuro: «ciertamente —leemos— la idea de que la percepción de la realidad interior conduce a soledad y exilio, es un tema romántico [...]. Con la realidad velada, el acto moral significativo es posible; una vez desvelada sólo puede haber sospecha y odio y violencia» [4]. Y así le ocurre a Rafael: soledad y exilio interior determinados por la percepción de cómo operan en Cruz la ambición, en Fidela la pasividad, alejándolas de él. Las últimas palabras de la cita son apretada síntesis de cómo Rafael actúa después del nacimiento del segundo Valentín, su sobrino.

Violencia excesiva, explicable frente al cuñado, abominable si la víctima es una criatura. Cuando visita a la madre, que tiene el niño al lado, «aquel mismo cuadro de doméstica dicha (para él más bien sonata) le llenaba el corazón de serpientes» (413). Para atenuar la energía de la imagen y «proteger» al personaje se alega como razón, a todas luces in-

---

[4] Masao MIYOSHI: *The Divided Self*, New York University Press, 1969, págs. 230-231.

suficiente, que ya no es el niño mimado de sus hermanas, que no le prestan como antes toda su atención.

Con la hidalguía como máscara y como pretexto, Rafael se opone a los proyectos de Cruz. El lector que acompañó a los personajes en las vacilaciones respecto a cuál de las hermanas casaría con Torquemada, una vez decidido qué matrimonio habría, considera tales incertidumbres puramente retóricas, pues por varias razones había de ser Fidela la designada, y una de esas razones es que el incidente rafaelesco no tendría el sentido que tiene si no fuera ella quien se entregara al usurero, quien «se vendiera».

«Hermanos siameses [...], *unidos por algo más que el parentesco y un lazo espiritual*» (181) (subrayado mío); «Te he perdido. Ya no existes. Veo lo bastante para verte en los brazos del jabalí —gritó Rafael con turbación frenética...—» (211). Los signos apuntan a la demencia o, cuando menos, a cierto «desbarajuste cerebral», estructuralmente necesario para que la novela del ciego se desarrolle en una confusión de sentimientos que el lector disipa e ilumina en la lectura. La perspectiva del personaje, impuesta y aun viciada por esa confusión, le constituye en el inmovilismo, coarta, sujeta y paraliza su capacidad de entender y aun de «ver» los cambios sucedidos a su alrededor. Condena a Torquemada como usurero con calificativos que ya no convienen al banquero. Es un anacronismo, y su suicidio prueba su incapacidad de adaptación.

Anacrónico en la incomprensión y en la inflexibilidad, ciego real y simbólicamente, se le escapan o niega algunas leyes del funcionamiento social. Que no entienda la virtud operativa del dinero o que entendiéndola le parezca condenable, muestra que su función es discordante e insólita. Es irónico, sin duda, el hecho de que se beneficie y viva de quien desprecia. Lógico el tipo, y creyente en una lógica que no puede fallar, pues se basa —aquí sí— en el conocimiento de la sociedad: dados ciertos ingredientes en una situación determinada habrán de producirse una conducta y unos resultados invariables.

Basándose en esa lógica, supone que su hermana ha de ser infiel al monstruoso marido; al pensar así olvida datos tan obvios como el nombre de Fidela, su temperamento adaptable y conformista, y la ausencia, en punto a divagación erótica, de antagonista válido. Organizada la novela en un sistema de oposiciones y debates, la coherencia estructural exigía un antagonista en la relación amorosa, como en las otras. ¿Morentín, tenorio de vuelo corto? No: Rafael mismo, aun si su ceguera no va acompañada en este punto por la clarividencia que le ilumina otras cuestiones.

En larga escena con Morentín, amigo cuyas debilidades y preferencias conoce, se esfuerza en persuadirle —o persuadirse— de que Fidela es su amante: «una lógica inflexible, la lógica de la vida real, que hace derivar un hecho de otro hecho, como el hijo se deriva de la madre, y el fruto de la flor, y ésta del árbol, y el árbol de la simiente...; esa lógica, digo, contra la cual nada puede nuestra imaginación, me ha revelado que mi infeliz hermana...» (290), y pretende forzarlo a reconocerse como tal amante. «Con los ojos de la lógica veo más que nadie», añade, y su insistencia es morbosa y maligna; morbosa porque hay algo enfermizo en su deseo de saber a Fidela seducida por otro, que sería instrumento de su venganza en representación suya; maligna porque presiona al amigo, cuya confesión necesita para saberse vengado y justificado. Fidela, infiel, supone, desde su punto de vista, degradación para ella, deshonra y humillación para el marido, y castigo, otro castigo, para el propio Rafael, por haber imaginado y «previsto» lo ocurrido. ¿Acaso su conversación con Morentín no es manera inconsciente de sugerirle la posibilidad del adulterio? Galeoto, sombrío, le descubre las razones que justifican el asedio de Fidela tibiamente intentado, luego, por el poco interesante seductor.

Descenso a los infiernos de un patético Orfeo sin lira y sin Eurídice. En su espacio de penumbra triste, el cerebro del ciego trabaja con extrema lucidez, por lo menos hasta el momento en que sombras más amenazantes que las de la ceguera le invaden desde dentro y no sabe vencerlas; el descenso es un viaje a la esquizofrenia, y la conciencia, escenario del drama interior que Cruz y Fidela presienten, aunque ignoren las causas soterradas que lo hacen insoluble. Si la aversión por Torquemada se entiende sin dificultades, no es fácil, en cambio, explicarse el grado de obsesividad y exasperación de su odio y menos aún «las serpientes» de resentimiento y envidia que le llenan el corazón desde el nacimiento de Valentín. Su cerebro «desvencijado» (416) no soporta al pobre niño, y de ahí el drama de que es a la vez escenario, actor y espectador.

Odia a la criatura y le resulta imposible dominarse. La conciencia espectadora se aterra de lo que el enfrentamiento con el inocente le revela sobre sí misma. ¿Cómo podrá pasar la prueba a que le somete la existencia del niño aborrecido? Sí; ese es el infierno, el viaje al fondo de la noche, de la noche oscura del alma, aterrada por el primitivismo de sus impulsos. La conciencia, testigo del drama secreto, amonesta, reprocha, acusa. El desenlace no puede tardar y no tarda: incapaz de dominarse racionalmente, alertado y sacudido por la conciencia, Rafael recuenta y confiesa (a Torquemada) sus amargas reflexiones y los fallos de una lógica que creyó infalible.

Reconocidos los estigmas de la envidia, derrotado por las transformaciones operadas en el usurero por influencia de Cruz y de Fidela, asqueado de sí tanto como del mundo, no escapará de su «águila» sino matándola. El alma «noble» no puede aceptar el triunfo de la villanía y menos aún reconocer la fragilidad de su nobleza, destruida por las perversas ideas que la poseen y la deforman. La histeria y la neurosis son desplazadas por esa enfermedad mortal que Kierkegaard hubiera diagnosticado como Cruz no sabe hacerlo: la desesperación.

VII

LA COMEDIA EN EL DRAMA

Tan cercana y tan distante, incapaz de seguir al hermano en los laberintos de sombra cuando partícipe en el conflicto, Fidela pasa de objeto (o casi) a sujeto, y de figura pasiva, a persona con algún carácter e iniciativa. Su pasividad en la primera parte de *Torquemada en la cruz*, está contrastada por «toques imaginativos muy graciosos» (130) manifiestos en sueños de carácter premonitorio. La mujer-niña que se recrea hablando con las muñecas, la criatura golosa, es a la vez la soñadora que ve a Torquemada «en coche propio, como debe tenerlo un hombre de *posibles*», anticipación no difícil de concebir, pero prolongada en una visión que sintetiza cuanto ocurrirá a partir de su boda, y el destino de los dos:

> «Dijo usted al lacayo no sé qué... con ese tonillo brusco que suele usar..., y subió. No acababa nunca de subir. Yo me asomé a la escalera, y le vi sube que te sube, sin llegar nunca, pues los escalones aumentaban a cientos, a miles y aquello no concluía. Escalones, siempre escalones... Y usted sudaba la gota gorda... Ya, por último, subía encorvadito, muy encorvadito, sin poder con su cuerpo... y yo le daba ánimos. Se me ocurrió bajar, y el caso es que bajaba, bajaba sin poder llegar hasta usted, pues la escalera se aumentaba para mí bajando como para usted subiendo...» (130).

Parábola en el sueño, donde las realidades son presencias de sombra y sombras de verdad. Parábola del purgatorio que a Torquemada le espera y del papel que desempeñará la soñadora en el futuro. No menos expresivo es lo que dice para concluir: «Subo por escaleras de papel, por escaleras de diamante, por escaleras tan sutiles como hilos de araña. Bajo por peldaños de metal derretido, por peldaños de debajo de otros...». Fragilidad, pero también y a la vez, solidez en las imágenes de la ascensión (papel y diamante); inseguridad y riesgo en las del descenso (metal derretido y nieve) que intenta acercarla a Torquemada. Figuraciones simbólicas del comportamiento que sintetizan, anticipándolo, el diseño total de su participación en la novela y precisan la situación y el movimiento de las figuras.

Páginas así visualizan el destino del personaje y declaran expresivamente su función. La gracia, la «buena sombra» de Fidela están ya en sus entradas iniciales, junto con una inocencia, bien señalada por el narrador, que nunca perderá. Cuando en otros momentos aparezca junto a Augusta, la protagonista de *La incógnita* y *Realidad*, el lector verá que esta hermosa adúltera fue traída a las páginas de *Torquemada* no solamente para reforzar la coherencia del mundo galdosiano, sino para iluminar por contraste la situación de Fidela en el esquema novelesco. El autor trata al lector como parte de su mundo y le supone informado del pasado de Augusta, por lo que bastarán algunas alusiones para entender por qué y para qué reaparece en el lugar donde se la encuentra.

Y, si no me equivoco, para el lector «galdosiano», la presencia de Augusta evoca sutilmente la de su amante suicida, Federico Viera, tan distinto del nada interesante Morentín. No está en el «texto», ya lo sé, pero el lector bien informado lo recordará al verla y al sentir un drama en donde ocurrió lo que aquí no sucede.

El matrimonio (la venta, dice Rafael) sienta bien

a Fidela; aviva su ingenio y —según el narrador, según lo que no pasa de ser una opinión del narrador— «por su linfatismo» y por un cierto infantilismo logra llevarse bien con Torquemada y le trata con humor y afecto, gastándole bromas («*Tor, Tor...*, fuera..., ven..., la pata..., ¡dame la pata!», p. 262) y haciendo de él lo que quiere.

A la narración sucede la escena. Escenas de comedia muestran el qué y el cómo de los sucesos. Episodios que no detienen el desarrollo de la fábula, pero sí alteran el ritmo, reducen las figuras a la dimensión de normalidad y buen sentido propia del género. Meredith ya observó que, sobre esto, la comedia facilita a las mujeres «campo libre para su ingenio» [1], y así ocurre en los puntos centrales de *Torquemada*, donde Fidela lo despliega: «Hablaba de todo con donosura» (311), anima las conversaciones «con su vivaz ingenio» (417), dice el narrador, y el lector no se ve forzado a creerle bajo palabra: el texto lo justifica, pues el modo de manejar al marido, lo bien que se defiende del insulso Morentín y las opiniones de la joven esposa (en 295-298, por ejemplo) muestran que no es humor ni gracia lo que le falta. El humor de Fidela contribuye a que surja algo análogo en Torquemada, llevándole hasta el chiste («¡Y yo, sin saberlo, he protegido las letras! Como no sean las de cambio», 301).

Escenas contagiadas de comicidad y de costumbrismo. Cuanto en ellas ocurre puede leerse como representativo de maneras y actitudes de estamentos y grupos sociales, como modalidades de actuación trasladables de lo particular a lo general. Cumple aquí el costumbrismo las tres funciones destacadas por Germán Gullón en su estudio de Fernán Caballe-

---

[1] George MEREDITH: «An Essay on Comedy», en *Comedy*, editado por Wylie Sypher, Anchor Books, New York, 1959, pág. 24.

ro: ambientadora, caracterizadora y enriquecedora de la textura novelesca[2]. Ambiente en buena parte determinado por las murmuraciones y el chisme (336) circulantes en tertulias e integrantes de un espacio novelesco en que lo social está omnipresente. Las voces y los gestos que se ven y se oyen dibujan siluetas en que, junto al hablante presente, encajan quienes en otros sitios los repiten, y tal vez los deforman. Se enriquece la textura novelesca por la incorporación a la página de referencias que, a través de la costumbre, esbozan un contexto.

¿Qué hace en la novela un ente como Zárate, el «sabio superficial», o, más bien, «tonto», según el narrador lo califica, si no es enriquecer la textura? El autor, mirando alternativamente al texto y al referente, movido por el impulso mimético, pensó en añadir la insustancialidad como sustancia, táctica digresiva pero no equivocada, pues ese y otros homúnculos acceden a la página por un *fiat* del creador que sólo parecerá caprichoso a los doctrinarios. Por supuesto, la función estructural de Zárate es, ante todo, proponer a Torquemada un modelo irrisorio de sabiduría, susceptible de ser consultado y aun imitado; su grotesquería denuncia lo absurdo de la tentativa del usurero por ilustrarse.

El novelista, el gran novelista no teme a la banalidad: entendiéndola como sustancia del diálogo cotidiano no vacila en cogerla por los cuernos, en

---

[2] «Tres son las funciones principales desempeñadas por los elementos costumbristas en las novelas de *Fernán Caballero*. En su función ambientadora cooperan a la creación del espacio novelesco; en la caracterizadora subrayan aspectos y comportamientos típicos de algunos personajes; por último, contribuyen a nutrir la textura novelesca, dando un respiro a la fábula y rodeando la acción central de particularidades que la hacen más aceptable». Germán GULLÓN: *El narrador en la novela del siglo XIX*, obra citada, página 34.

forcejear con ella hasta dominarla y adaptarla a sus fines. Si los diálogos de *Torquemada* son naturales es porque fueron captados por un oído muy fino y recogidos en lo que su insustancialidad tiene de sustanciosa. Cada quién habla a su manera, con su propia voz, y en los ritmos del lenguaje y en los giros del vocabulario se traslucen inclinaciones y actitudes. Decisión necesaria y sabia la de hacer hablar a los personajes en sus voces, sin convertir al narrador en ventrílocuo.

Ilustrativa la comedia, y más si el drama está en la frontera, anunciándose en la nube que pasa, en el trueno lejano. Si en el purgatorio pueden hacerse chistes, y Torquemada los hace[3], la humanización del chistoso es palmaria. Por otro lado, si el discurso del personaje (en el banquete organizado para homenajearle) se reporta literalmente, el lector puede juzgar por sí y decidir que es como los que se oyen cada día en ocasiones análogas.

Escenas-contrapunto, escenas enriquecedoras, convenientes y justificadas, y no meros interludios, pues es en ellas donde las figuras declaran su consistencia. Allí se revela una Fidela que lejos de ser la «gata de Angora» supuesta por «el tonto de Zárate» (369), es persona «buenísima», «discreta», «grave», de «juicio sereno» y «originalidad ingénita» (404-409), de «alma limpia y pura» (369), capaz también de mostrarse antojadiza y glotona. Y por su falta de complicaciones, por su docilidad en cuanto a aceptación de la vida según es, contrasta eficaz-

---

[3] Por ejemplo, cuando hablando del Marquesado de San Eloy, le dice Rafael al cuñado: «Data del tiempo del emperador Carlos Quinto, y han llevado esa corona personas de gran valía, como don Beltrán de la Torre Auñón, gran maestre de Santiago y capitán general de las galeras de su majestad». El financiero, jugando del vocablo, exclama: «—¡Y ahora me quieren meter a mí en las galeras!» (389).

mente con la exaltación del hermano en sombras. Contraste matizado, suavizado, pues no se trata de oposición, sino de diferencia; de una relación a que ella aporta la tolerancia que a Rafael se le impone.

No es casualidad que sea la muchacha, medio en serio, medio en broma, quien proponga llevarle a París para que lo vea Charcot, «el primer sabio de Europa en enfermedades cerebrales» (278). (Está bien informada y muy al día, pues los experimentos de Charcot se realizaron en la década de los ochenta; fue entonces cuando el médico francés llamó neurosis a lo hasta esa época llamado histeria. Y neurosis es el término con que Cruz designa el padecimiento de Rafael). Si la escena exige diálogo, el monólogo, silencioso o no, es la forma natural de la obsesión, recinto verbal cerrado en donde se aísla el sombrío antes y después de sus ocasionales explosiones.

Fidela tiene sobre él un «poder sugestivo cuyo origen ignoraba» (283), pero no acierta a poner orden en la mente encrespada del varón, ni a guiarle hacia la luz. Su inocencia, su «infantilismo» (revelado, por ejemplo, en sus caprichos), no incompatible con la agudeza y el ingenio de que da muestras, chocan con la experiencia y la «lógica» del hermano, y en definitiva le derrotan. El mundo novelesco está apretadamente organizado: los contrastes como los paralelismos, los antagonismos como las homologías componen una trama en que las relaciones entre antecedentes y consecuencias, entre suceso y carácter son vistas por el lector en forma que «la realidad» no consentiría.

VIII

METAMORFOSIS DEL ESPACIO

Espacio literario cargado de significación, el de la novela galdosiana ofrece una acumulación de resonancias, una energía de vibraciones reveladora de la multiplicidad de fuerzas operantes en los ambientes que allí cristalizan. Espacio abierto, incorpora los contextos al texto, o, dicho de otro modo, en las precisiones textuales transmite una vibración del referente que de algún modo y en alguna dirección las explica. Por esta (relativa, parcial) incorporación del referente a la página, habrá de ser y es un hecho la temporalización del espacio; más, la historicidad del espacio.

Historia personal e historia social, situación del individuo en el deseo, la pasión y la circunstancia que le relacionan con el medio. ¿Subrayaré o entrecomillaré «el medio»? No parece necesario. Está ahí, y tiene también su novela si, como creo, la expresión figurativa sienta bien a la crítica. Con calidad de presencia entra lo geográfico en las crónicas de Torquemada y los avatares de la figura le llevan de un punto a otro, de este espacio al inmediato, unidos todos en el espacio total, infierno, purgatorio, o lo que sea, con un remoto indicio de paraíso, señuelo más que promesa.

Una lectura de las novelas atenta a sus recintos, a sus rincones, a la atmósfera creada por los personajes, no podrá soslayar el carácter indiciario de los cuatro títulos de la serie: tres de los cuales son alusivos a una situación, a un modo de estar y, por lo tanto, a una estancia bien precisada. Tres rótulos sugieren padecer, sufrimiento, variación y no cambio sustancial. Pasión y muerte del usurero, pudiera ser el título del folletín que el lector, cierto tipo de lector, extrae del texto. *Plus ça change, plus c'est toujours la même chose:* de la hoguera al purgatorio la continuidad es cierta, y la cruz es otra variante de lo mismo. Y, sin embargo, ciertas palabras reiteradas en la página sugieren transformación, mudanza, alteración, transfiguración, metempsicosis, reencarnación y, nada menos, resurrección.

El mundo, dice el Torquemada de los finales, es un gran infierno, «el único infierno admisible» (552), pues el otro, el de los curas, le parece una paparrucha. A esas alturas de la novela es fácil asentir a tan pesimista apreciación; lo contado inclina a considerar la realidad como creación de las fuerzas del mal. Metáfora suficiente, postulada por el texto mismo, y nada excesiva, aun si es evidente, como de él se deduce, que ni el protagonista ni los antagonistas son figuras demoníacas, sino humanas y muy humanas. Pues el infierno es invención del hombre y para crearlo y administrarlo no precisa de Satanás ni de sus acólitos.

Al infiernillo de Torquemada descienden los Aguilas, victimarios y a ratos verdugos del usurero. Que Cruz le atormenta es obvio; menos, pero no menos cierto es el hecho de que la víctima ve como «enemigo» a su cuñada y a Gamborena. Tal vez pudiera representarse con un diseño muy sencillo el doble movimiento de los personajes hacia arriba y hacia abajo pensando en el ser y el sentido de los espacios simbólicos según se los piense en la apariencia y en lo que realmente son. Una flecha apuntando a lo alto representaría el ascenso social de Torquemada, impulsado por las alas y la voluntad de su Aguila, mientras otra flecha, apuntando en sentido contrario expresaría el descenso moral en que incurren los hermanos aristócratas. Hasta cabría, solicitando un poco lo implícito en el texto, preguntarse si estas flechas no sugieren un paralelismo concurrente entre subida y caída, o, dicho de otra manera, si el ascenso social exige un precio moralmente degradante: por ejemplo, «la venta» de la bella a la bestia.

SOCIAL   MORAL

Impulsado por la ambición de Cruz, el ascenso del protagonista se refleja en sus cambios de domicilio. En *Torquemada en la hoguera* vive en la calle de Tudescos, casa modesta, pero no miserable; en *Torquemada en la Cruz* ha descendido a la casa de corredor que comparte con sus víctimas, por razón de su tacañería, pero también (y esto es más importante y menos obvio) por motivos estructurales: cuanto más el fondo le sitúe el autor, más acusada será la línea ascendente. De la casa de corredor pasará al principal de la calle Silva; de éste, al segundo piso de la misma casa, y de aquí, por fin, al palacio de Gravelinas. Para incitarle a subir al segundo piso de la calle de Silva, su cuñada le hace ver que «necesita espacio» más amplio: «Operar en grande y vivir en chico no puede ser», le dice (315). Y es ella quien, simulando que la mudanza se produjo por voluntad del financiero, le atribuya el llevarlas «a la fuerza [...] a la esfera altísima de sus vastas ideas» (323), dando así al espacio la configuración mental de sus delirios ambiciosos.

Hecho senador y moviéndose «en espacios nuevos para él» (380), el hombre se esfuerza en seguir siendo como era, beneficiándose de la situación según las ocasiones lo permiten. Seguramente reconocerá el ambiente por lo que es («ambiente de vanidades», en palabras de Cruz), no distinto de otros a los que el destino le ha conducido. Cuando la familia se instala en el palacio de Gravelinas, parece haber llegado a la cumbre de su buena fortuna. Sólo es así en apariencia. Las crisis se precipitan y el palacio que Rafael, a punto de suicidarse, vio como «un Rastro decente, donde se amontonan, hacinados por la basura, los despojos de la nobleza hereditaria» (461), se convierte en «panteón», prisión dorada, «reino sombrío del aburrimiento y la discordia» (466, 478, 483). Perspectivas diferentes suscitan percepciones distintas, no incompatibles.

Se pierde el narrador «en el laberinto de [las] estancias y galerías» (492) del palacio, y el ser laberíntico del espacio es perfectamente compatible con lo observado antes. Imágenes particulares se asocian a lugares concretos, ofreciendo insólitas visiones de ellos: el archivo es «cavidad», y «cavidad» también, aunque dorada, la galería al fondo de la cual está el Prometeo-espejo. «Ambitos de tristeza» (549) por donde el protagonista pasea su desolación, sin encontrar la paz y la calma; cuando Cruz deja de atormentarle con el delirio de grandezas es para acosarlo con las exigencias de restitución (a la Iglesia) como medio de salvación. Por el continuo acoso de la despótica, y por la serie de desgracias que caen sobre él, Torquemada puede pensar con razón que «su casa, en vez de ser un oasis, era una cosa diametralmente opuesta» (552).

Espacio de sombras —ya lo vimos— el de Rafael,

de donde su «lógica» extrae luces que la realidad social da por válidas, pero que el caso individual niega. Sabe que el paso de la casa modesta en la Costanilla de Capuchinos al principal de la calle de Silva no es, como cree Cruz, un ascenso, sino el signo de una claudicación y el principio de una caída que él materializará con su suicidio. Cuando del principal «sube» al segundo piso, es obvio que el traslado le parece consecuencia de su condición subalterna: «triste objeto que estorba en todas partes». Y en la escena capital, en la confesión a Torquemada dice: «Iré ascendiendo hasta llegar a la buhardilla, residencia natural de los trastos viejos» (459). Así pudiera ocurrir para dramatizar más la situación, pero con el segundo piso basta. Desde una ventana se arroja al patio y se mata. «Caída» que se corresponde con la «subida» y revela con fuerza tremenda su revulsión y la necesidad de poner al desnudo el significado de la ascensión planeada por Cruz.

Presencia de los espacios, no como meras estancias de la persona, sino como figuras del drama moral-social de que son «parte» y con frecuencia emblemas. Personalizados, vivientes, malignos o pasivos, participan en la determinación de un destino o, si se prefiere, en el condicionamiento de la persona. Según el giro de la metáfora serán prisión, purgatorio, paraíso, tal vez grotesca deformación del Cáucaso en que Prometeo se debate sobre la roca... He hablado de las tinieblas interiores y exteriores que constituyen el escenario del drama rafaelesco. Aventurándome un poco más en la misma dirección diré qué tenebrosa parece la ceguera de Cruz (ambición ciega), para quien la frialdad de los recintos palaciales podría ser transformada en el espacio de grandeza imaginado en su delirio.

Viven los objetos y hasta es posible que escondan

un alma. El narrador se lo pregunta y dice como para sí: «todo podría ser» (464). Despiertas las cosas por la luz, pueden revelar, como el cuadro de Prometeo, una verdad que los interesados prefieren desconocer. Y el narrador «es el primero que se pierde en el laberinto de sus estancias [las del Palacio] y galerías...» (442). Trata de orientar al lector, y lo consigue cuando se contenta con presentarle en la descripción y, sobre todo, en la imagen, la realidad de un espacio que no es solamente proyección del personaje (de sus miedos, de sus esperanzas), sino creación suya.

IX

PSICOLOGIAS Y LOGICAS

La diferencia entre Galdós y los novelistas más innovadores no estriba tanto en las técnicas como en la visibilidad de éstas. Donde el novelista de hoy exhibe sus recursos y hasta los convierte en motivo, Galdós se contenta con utilizarlos; para él son instrumentos, no tema o materia. Sería interesante explorar a fondo esta diferencia, pues tal vez en ella se encuentre la clave del cambio experimentado por la novela en las últimas décadas.

Sin pretender nada semejante, pues el empeño rebasa los límites de este trabajo, y sin salir siquiera del ejemplo analizado sí diré que en la obra de Galdós hay algo que hoy tiende a desaparecer, algo que los innovadores no intentan crear del modo y con la consistencia buscados por él. Levantado en palabras, ordenado en segmentos, capítulos, partes, volúmenes, el mundo de la ficción y con él sus habitantes es recibido como una creación que, por autónoma que sea, se asocia a un referente conocido. Todavía sigue ocurriendo lo mismo, según lo mostraría la lectura de *Volverás a Región* o *El obsceno pájaro de la noche*, pero el acento de la escritura recae ahora sobre la escritura misma. El modo, por ejemplo, como son utilizados los símbolos por Galdós y por novelistas como Benet y Donoso declara bien la diferencia.

Aun si invisible, la estructura es perceptible, y su

realidad asegura la coherencia del universo ficticio, como antes se decía, o del texto, conforme hoy decimos. La primera expresión es figurativa; la segunda, directa. Una lectura que desconozca la inmanencia en la estructura de un sentido de la vida (así decía Henry James), será reductiva y, acaso, desorientadora. No es que el personaje en cuanto carácter pueda desaparecer, quedando en mera función, sino en que el carácter es «literariamente» creado por y en el conflicto. Sería anacrónico negar «carácter» a las figuras de Galdós, pero la psicología es del autor; los personajes se mueven a impulsos de una lógica impuesta por los acontecimientos. Mientras aquél se esfuerza por atribuir al ente de ficción una «psicología», el personaje (más al día) entiende que los movimientos de cada quien dependen del flujo y reflujo de las situaciones en que existe.

El yo del narrador se forma, por supuesto, en el acto de narrar, y sus cambios de actitud declaran lo flexible de su condición; si el final de la crónica es ambiguo, la ambigüedad resulta de la «inmensa duda» sentida por él al oír el portazo que suena cuando el alma del usurero se acerca a la puerta del cielo: «¿Cerraron después que pasara el alma o cerraron dejándola fuera?» (651). Responder a esta pregunta hubiera sido temeridad y, aún peor, destrucción del efecto de incertidumbre. Si la conversión es dudosa, así lo es la salvación. El narrador no toma partido porque *no puede* hacerlo; si lo hiciera atentaría contra la lógica de la situación y contra la de su función.

La de Rafael, «lógica inflexible la lógica de la vida real» (290) aunque parece oponerse a los vuelos de la imaginación, resulta, en ocasiones, pura intuición; no tiene la rigidez de las asociaciones mecánicas causa-efecto, antecedente-consecuencia. Lógica y ceguera lo hacen afirmarse en lo que «ve»: «Desde este antro oscuro de mi ceguera lo veo todo, porque pensar es ver, y nada se escapa a mi segura lógica, nada, nada» (353). Y en ocasión anterior advierte que con «los ojos de la lógica» (290) verá más que nadie. Pensar lógicamente le autoriza a dar por segura la infidelidad de Fidela. Cuando note los fallos de su razonamiento perderá la fe en sí mismo y se entenderá en situación desengañada. El narrador lo describe «disuadido de los pensamientos maliciosos que le sugirió su insana lógica de ciego pesimista y reconcentrado» (415), destacando en los adjetivos lo morboso del razonamiento. La lógica del ciego es una coartada del sentimiento para probar y probarse la razón de su sinrazón.

Quien destruye esa lógica, y con ella sus defensas, es el niño de Fidela. Previsible o no, su nacimiento pulveriza las reflexiones de Rafael[1] y revela (le revela, según expusimos) la genuina sustancia de su sentir. En la conversación que precede al suicidio, desengañado y lúcido, reconoce los fallos de su lógica, por haber hecho suya la «vigente en el mundo»[2], y —añadiremos— por hacerla suya con menos rigor del necesario; la aceptación cabal de esa lógica le hubiera permitido prever el éxito de su cuñado.

Lógico es el acto final, el suicidio. Descubierta la contradicción íntima entre el ser que es y el imaginado, la destrucción es (lógicamente) inevitable. El dolorido sentir que nadie le puede quitar, le ilumina un futuro en que, de seguir viviendo, le esperarían nuevos descensos, mayor degradación.

---

[1] «¿Qué culpa tiene él [Valentín] de haber venido a destruir todas mis lógicas?» (417).

[2] «... tenía yo mi lógica, que ahora me resulta un verdadero organillo al cual se le rompe el fuelle» (459). De la lógica de Rafael trató J. E. VAREY en «Torquemada y la lógica», *Studies in Modern Spanish Literature and Art presented to Helen F. Grant*, Londres, 1972, págs. 214-215.

Quizá es Cruz quien más se aferra a la lógica y menos piensa en el sentir ajeno. A Torquemada «se le imponía por su arrogancia, por su brutal lógica» (315), y a sus hermanos, con menos violencia, mostrándoles la fatal relación entre medios y fines, y —en el caso de Fidela— manejándola como instrumento para obtener los resultados que se propone. Esa lógica absoluta le lleva a tratar como muñecos a quienes le rodean utilizándolos para fines que a su juicio la justifican [3].

La lógica de Torquemada tan sólida como la de Cruz, y determinante de una decisión no menos rectilínea, es la lógica de la situación en que vive: mutuamente se condicionan hombre y sociedad. Quien acepta las leyes sociales, aun a regañadientes, como el usurero cuando esas leyes le imponen exigencias atentatorias contra el bolsillo, puede beneficiarse de ellas y «ascender» como él asciende. La pugna entre naturaleza y psicología, por un lado, y lógica del sistema, por otro, acaba resolviéndose en favor de ésta. Más todavía: hasta la reencarnación de Valentínico en el nuevo hijo será un fenómeno necesario: «Tiene que haber justicia, tiene que haber lógica, porque si no, no habría Ser Supremo, ni Cristo que lo fundó. El hijo mío vuelve» (348). Los sueños de Fidela en que cifras la obsesionan, no los relaciona él con el mundo de los negocios, sino con el niño matemático, atribuyendo los fenómenos oníricos al hecho de que el alma y las venas de la madre

---

[3]   En cuanto encarnación de la voluntad de dominio, Cruz hace pensar en figuras muy conocidas de la literatura española. Arriesgándome a la herejía, señalaré su parentesco con mujeres como doña Perfecta, la tía Tula, Bernarda Alba..., coincidentes en el modo de manejar a sus prójimos como objetos. «Muñecos todos», se dice Tula en el punto de la muerte, pensando en su cuñado, en su hermana, en sus sobrinos. Cruz no lo dice, pero actúa como si lo creyera.

están llenas de los números que aquél manejaba con tanta destreza.

Cuando, muy contra su gusto, cede a la imperiosa cuñada, es porque, en el fondo, «aquel demonio en forma femenina» es, a la vez, «oráculo del hombre práctico» (447) y le impone su ley. Podrá sentir nostalgia de la casuca del ayer, pero su posición le exige instalarse en un palacio, y el de Gravellinas tendrá. La lógica de Cruz al regir la vida del protagonista, le doblega, como Rafael advierte en su lucidez final, al corregirle la avaricia[4]. Todo queda explícito y no sólo sugerido. El lector *ve* las conexiones y el enfrentamiento «lógico» de los personajes. Y lo ve en el drama y en la forma dramática que es la novela.

Seguramente es Fidela el personaje más sometido a la lógica, pero a la de otros, pues la suya parece reducirse a aceptar cuanto la realidad (la acción) la impone. No por casualidad, hablando de sus lecturas se dice: «dividía en dos campos absolutamente distintos la vida real y la novela» (294), pues lo leído queda a gran distancia de lo acontecido: «entre las novelas que más tiraban a lo verdadero y la verdad de la vida, veía siempre Fidela un abismo» (294). La razón de que así piense es su incapacidad para escapar a los condicionamientos de la situación. Incluso la muerte es un desenlace previsto, aceptado con toda conformidad. Los factores determinantes de la conducta indican que si en su caso sería exagerado hablar de metamorfosis, puede afirmarse que la intensificación y pluralización de los signos le da una complejidad de que inicialmente carece.

_____

[4] «Para que sea más asombrosa la obra de mi hermana, hasta le corrige a usted su avaricia, que es su defecto capital» (458).

X

MODALIDADES DE LA ESCRITURA

Partes importantes de la gramática galdosiana reclaman su incorporación a este trabajo. Siquiera en unas líneas recordaré el carácter unificante de los motivos, la variedad del discurso en construcción y ritmos; en otro capítulo, aun si muy apretadamente, apuntaré alguna consecuencia de la considerable extensión de la obra.

Construidas en torno a una serie de crisis, estas novelas reciben su energía unificante de las homologías que el texto registra. Ya señalé la presencia constante de un reductor variable, en función aleccionadora y educadora del protagonista, y expuse el sentido, unificador también, del motivo «metempsicosis». Ahora diré más: el hecho de que el primer Valentín y el «reencarnado» sean monstruosos, aunque con monstruosidad de signo opuesto, hacia lo genial uno, hacia la animalidad otro, es la cara y cruz de una homología estructural muy eficiente, homologías asimismo en la fuga de Rafael que prefigura su suicidio (otra fuga, pero por la ventana) y en la equivalencia pobre-Gamborena-San Pedro. Por vía metonímica se establece una sugerente cadena de significaciones en torno al motivo «llaves del cielo»: siendo los pobres de este mundo quienes las tienen, a su inquisidor y verdugo sólo se le abrirán las puertas del Reino por la mediación de ellos o de quien les representa.

La muerte suscita las crisis, favorece las homologías y, sobre todo, determina el ritmo global de la serie; aparece y reaparece en el texto siguiendo la ley de recurrencia y variación de que hablamos en el primer capítulo.

Curioso paralelismo el de Rafael y Fidela en pensar la muerte como sueño. Y «la muerte es sueño» pudiera leerse como otro motivo unificante al que sería asimilable, en cuanto a función y determinación de los sucesos, lo teratológico del segundo Valentín. A la muerte se refieren las cuatro grandes crisis de la novela: la enfermedad y muerte del niño sabio; la constatación de que el segundo es oligofrénico (espíritu sin vida); la enfermedad de Fidela y la de Torquemada. En estos episodios van creciendo paulatinamente las tensiones y al punto de culminación sucede una caída de que se derivan nuevos conflictos.

El motivo del lenguaje, fundido con el tema de la posición y ascenso social del protagonista, es un caso de operación metalingüística sostenida a lo largo de muchas páginas. Jakobson ha definido la función metalingüística como aquella en que el lenguaje trata del lenguaje mismo [1], y en tal dirección van las reflexiones de Torquemada sobre su modo de hablar, con una inflexión muy previsible: considerar el lenguaje como instrumento formativo del tipo que está llegando a ser. Actitud compartida por el narrador, cuando observa y subraya el lenguaje del personaje con más insistencia de la exigida por el texto y la relación con el lector, para cuya orientación se subrayan singularidades, inexactitudes, lugares comunes...; el narrador mismo está muy consciente de cómo se expresa.

---

[1] Roman JAKOBSON: «Closing Statement», en T. A. SEBEOK, ed.: *Style in Language*, Nueva York, 1960, pág. 356.

Se ha dicho más de una vez cuanto hay que decir del oído de Galdós y de su atención al lenguaje hablado. El lenguaje de estas novelas es el de quien escribe como se habla y no como se escribe; decir de la calle, del café, de la conversación familiar, y no sólo en vocabulario e imágenes, sino en los ritmos de la lengua viva. Es el lenguaje de la tribu y el narrador, su legítimo portavoz, encarnación de las actitudes y maneras de pensar expresadas en el habla. Miembro de esa tribu, el lector le reconoce como uno de los suyos y acepta más fácilmente sus juicios al hallarlos expresados en formas familiares. Lenguaje social, nutrido de lugares comunes, de frases hechas, de lo que muchos piensan porque lo dicen y por cómo lo dicen: si piensan como hablan, es porque es el lenguaje lo que les hace pensar.

Objeto verbal, la novela fue creada y a la vez construida (construcción como creación) utilizando recursos muy concretos e identificables, útiles en su mayor parte heredados, teorías alteradas sobre la marcha para servir mejor a la práctica. Un discurso sencillo disimula en su sencillez la variedad y complejidad de la composición, pasando con naturalidad de la narración informada a la imprecisa, de la beligerancia a la neutralidad, fundiendo el hecho con su interpretación, la descripción con el comentario y la reflexión.

De los diálogos ya he dicho algo más arriba. Constituidos en escenas, introducen en la narración una variante significativa: costumbristas los llamé, y añado, pero sustanciales, útiles para manifestar cómo se producen los cambios en situación determinantes del carácter. Puntos de declaración personal y de comunicación directa entre personaje y lector, concurren a este fin con las partes escritas en estilo indirecto libre, donde la voz de aquél se oye, pero tamizada, y con los soliloquios a que se entrega. Soliloquios,

9

digo, y no monólogos interiores, pues a diferencia de lo observable en otras novelas de Galdós[2], en éstos rige la concentración en un tema y no la divagatoria fluidez de la corriente de conciencia.

Los soliloquios son parte del drama vivido por el personaje, reflejo de su obsesión. Aun si el narrador los transcribe, la voz y la preocupación son de aquél y no suyos, pertenecen a la realidad postulada por el texto, a la que progresivamente va estableciéndose como alternativa orgánica a la desorganización y confusión del referente. Dramatizada, la ocurrencia revela mejor su sentido, y en el monodiálogo las contradicciones del personaje están con plasticidad suficiente, expresión de la vida y sin nada didáctico.

La variedad de componentes aislables en la novela se relaciona con sus ritmos: el de la *Hoguera* ha de ser rápido, y a partir de un momento dado impone la narración acelerada para describir una situación extrema que si se prolongara destruiría la intensidad del efecto. El de *la Cruz* es y debe ser más lento; las preparaciones para la entrada del usurero en el infierno no podrían precipitarse sin acumular en pocas páginas lo que para los fines que se pretende (aprendizaje en lenguaje, modales, vestimenta..., requisitos de la ascensión social) debe ser esparcido y no juntado, presentado y no resumido. Obligadamente lento el del *Purgatorio*, pues ni el suplicio prometeico (en sus dos versiones), ni las llamas infernales deben matar al condenado, sino prolongar el sufrimiento; el ascenso al cielo de la respetabilidad burguesa exige (desde la perspectiva de Cruz,

---

[2] Cuestión disputada ésta de si Galdós hizo uso en sus novelas de las técnicas del monólogo interior y de la corriente de conciencia. Para zanjarla nada más aconsejable que acudir a los textos y ver los casos. Algunos ejemplos hallará el lector en mi *Galdós, novelista moderno*, Editorial Gredos, Madrid, 3.ª edición, 1973.

reflejada en el título de este volumen) purgarse de la avaricia y de las inclinaciones mezquinas. Y en *San Pedro* el ritmo vuelve a ser vivo, sobre todo en los capítulos culminantes de la lucha, realmente agónica, del protagonista y su postrer antagonista.

Si la serie tiene unidad, su forjador, bien lo sabemos, es el autor —¿el Autor?—, actuando con variable intensidad y visibilidad en la composición y en la expresión. Un designio de vinculación y una actitud de crítica social subyacente bajo la dramatización novelesca, o constituyéndola, es el primer factor en la coordinación y totalización de la obra —¿de la Obra?—. Por esta razón, conviene, sí, pensar las novelas como textos y empezar por atenerse a ellos, pero sin negarse a la posibilidad de una presencia aglutinante y de las líneas, no invisibles, sugeridas para el lector, o, al menos para el lector consecuente y fiel en que Galdós pensaba al trazarlas. Entre la realidad y la teoría la opción no es dudosa. A lo informe del mundo real, Galdós, como los grandes creadores de su tiempo, opone la tangibilidad formal del mundo novelesco.

XI

LA NOVELA DEL LECTOR

Abordar la novela del lector, es decir, la aventura de leer una novela y el modo de participar en ella, supone escribir una teoría del lector y de la lectura. Cuestión demasiado compleja para tratarla aquí con detalle, me limitaré a exponer algunas ideas que considero pertinentes.

¿Quién es el lector y dónde se le encuentra? ¿Cuándo y cómo pasa de la potencia al acto? La primera pregunta apunta a la estructura del lector y a su situación; la segunda a su función y a su actividad. El lector está en la novela como creación del autor para realizar la operación de leer siguiendo indicaciones más o menos explícitas, más o menos oblicuas, que el texto facilita. Esa operación, según Román Ingarden ha precisado, consiste en concretar la indeterminación del texto, completando lo que la frase indica de manera necesariamente abreviada. El texto es condensación; la lectura, dilatación [1].

Buscando un cierto paralelismo estructural, los teóricos de la novela piensan que si hay un autor implícito, una presencia insinuada en el texto que ni es la del narrador ni la del autor, generalmente ex-

---

[1] La doctrina de INGARDEN puede verse en *The Literary Work of Art* y *The Cognition of the Literary Work of Art*, ambas publicadas por Northwestern University Press, Evanston, 1973.

tramuros de la obra, deberá haber un lector implícito, una figura que se da por supuesta. Wolfgang Iser ha dedicado todo un libro a trazar su figura [2] y no hace mucho que Germán Gullón demostró [3] que en ciertas novelas españolas del siglo XIX se postulaba un tipo de lector tan precisamente delineado que casi podía ponérsele nombre. Y, por supuesto, Lope de Vega lo puso en las *Novelas a Marcia Leonarda.* Curioso, pero no al caso de lo que ahora conviene precisar: la hipótesis de un ente que para asimilar y traducir el cifrado ha de ser como el narrador lo desea, abstracción hecha de sus circunstancias personales: edad, sexo, lugar de nacimiento, posición social...

No importa cómo el narrador quiere que el lector sea; lo importante es que el texto incluya información bastante para proporcionar todos los saberes que debe poseer la figura imaginada. Germán Gullón cita el caso de Pereda que al escribir *Sotileza* lo hizo pensando en un lector de su ciudad y de su tiempo, interesado en las mismas cosas que le interesaban a él y de ideas parecidas a las suyas [4]. Tal lector, si entonces existía, desapareció hace décadas, mientras la novela perediana sigue siendo entendida como el autor quería que se entendiera, porque en ella registró los datos precisos para facilitar el conocimiento que permite seguir la lectura como la seguiría el viejo santanderino predicado por el novelista.

Convengamos en que «lector» es palabra complicada: a diferencia de otros elementos de la estructura tiene una organización mental incapaz de ceder pasivamente a las manipulaciones del narrador, una

---

[2] *The Implied Reader,* The John Hopkins University Press, Baltimore, 1974.
[3] *El narrador en la novela del siglo XIX,* obra citada.
[4] Obra citada, pág. 85.

organización —recordémoslo— autónoma en cuanto individual, subordinada o al menos manejable en cuanto construcción, e inclinada a interpretar cuando su destino es, no más, leer.

La primera realidad es el sistema semántico ofrecido al descifrado. La cuestión es saber si el sistema puede sustraerse, y hasta qué grado, a esa segunda realidad, el contexto, contexto del texto y contexto de la lectura. Tomo un libro y veo en su cubierta, bajo el nombre del autor y el título, la palabra «novela». Este hecho condiciona la actitud, la recepción del mensaje; fue puesto para eso, para sugerir un talante de lectura, una aceptación de lo escrito como ejercicio en imaginación muy diferente de lo esperable si en la cubierta figurase la palabra «ensayo».

Las expectaciones iniciales pueden ser alteradas por el texto, pero aun así, gravitarán en la persona que éste va creando e incorporando a la estructura. La posición del lector «dentro» del texto es variable y lo determinante de tal variabilidad es su situación «fuera», quiero decir su perspectiva que no sólo es punto de vista, sino carga mental de potencia imprevisible (la tensión del mirar-leer tal vez la excita, tal vez la atenúa).

Lecturas partiendo de cero no puedo imaginarlas. ¿Cómo concebir un lector en hueco, una suspensión en el vacío? En la historia de Don Quijote según Cervantes, se dice de Amadís tanto como es conveniente decir para que el sentido de la novela no resulte dudoso; aun así la ambigüedad del Quijote, tan minuciosamente expuesta por Manuel Durán, es un hecho, como lo es la multiplicación del lector en lectores infinitos, imágenes en espejos deformantes.

Tal es la oscilación inevitable: del lector-creación al lector-individuo. Como el personaje, el lector es pieza de funcionamiento dudoso, y la metáfora, en cuanto sugiere ideas «mecánicas», se queda corta, pues esa pieza tiene motor propio, cerebro, y la autonomía correspondiente. Si la «autonomía del personaje» es una figura de dicción, la del lector es una realidad. Prescindo, por el momento, de la tradición crítica que influye en el lector-persona y se cuela así, por la puerta trasera, en el lector-creación. Tradición crítica relativa al género, a los componentes de la obra, a las técnicas..., y también a la novela misma que se está leyendo.

No entraré, en el caso de que trato, en las lecturas, ingeniosas o extremosas que críticos como Earle, Ayala, Blanco Aguinaga establecieron partiendo de supuestos muy diversos; menos todavía recordaré discusiones más bien fútiles sobre ideología o intenciones del autor. Pero sé que, inevitablemente, al aceptarlas o al rechazarlas, son parte de mi reacción y, en consecuencia, parte de mi lectura.

¿Cuál es el lector en quien Galdós pensaba al escribir las novelas de Torquemada? Sin duda no en lectores como los de Joyce y Virginia Woolf: lectores tan activos, como el «cómplice» solicitado por Woolf y su —en este punto— discípulo Morelli —el novelista de *Rayuela*—, colaboradores en la creación. Pues ser «cómplice» es participar en las actividades del autor y no sólo presenciarlas. Un paso más, y se afirmará la creatividad del lector, hipérbole sólo admisible con las cautelas de lo figurativo si por creatividad se entiende en sentido muy restringido el cumplimiento de las exigencias del descifrado; tal sería el caso en la llamada «novela espacial» en que al lector se le pide trasladar el orden de la simultaneidad al orden de la sucesión y conectar las alusiones y referencias dispersas en el texto hasta construir la totalidad imaginada por el autor [5].

---

[5] Joseph FRANK: *The Widening Gyre*, Indiana University Press, Bloomington, 1958, págs. 18-19.

Esto de común tiene el lector de la novela galdosiana con el de cualquier otra —Balzac, Proust, Faulkner...—, la proyección en el texto de la lectura, y ello de dos modos, según se va leyendo y cuando se da por conclusa la lectura. Alteración de lo leído por lo que se va sumando a lo escrito. La llamada identificación es el resultado de una coincidencia entre figura textual y movimiento mental, del equilibrio entre la palabra escrita y la musitada por la reflexión, en el silencio. Si el lector es un mecanismo, es un mecanismo «consciente» de cómo funciona y de que las decisiones que adopta son consecuencia de la simbiosis lectura-reflexión.

Casos extremos de lector novelizante los encuentro en Unamuno y en Roland Barthes. Desde su personalísimo punto de vista, y refiriéndose a quien él llamaba hombre de dentro (en su opinión superior al tras-hombre o superhombre de Nietzsche) afirmó don Miguel que «cuando se hace lector hácese por lo mismo autor, o sea actor; cuando lee una novela se hace novelista, cuando lee historia, historiador»[6]. Este es quien en su novela y a partir de *La peau de chagrin*, de Balzac, se instituye, por obra de la lectura, en personaje-autor de un drama que es el de la lectura misma.

También sobre una obra de Balzac, *Sarrazine*, escribe Barthes el libro *S/Z*, disfrazando en la apariencia crítica la realidad imaginativa; se presenta como estudio minucioso de la novelita balzaciana, pero ésta es poco más que un pre-texto para la preciosa invención del crítico.

Sin ir tan lejos, con cuánta razón puede hablarse de «novela del lector» lo demuestran las variaciones en la actividad decodificadora: los signos de todo

---

[6] Miguel DE UNAMUNO: *Cómo se hace una novela*, Editorial Alba, Buenos Aires, 1927, pág. 140.

tipo puestos en el texto para orientar al lector cumplen su función y a veces en forma más significativa de la pensada por el autor. En un cuento de Borges [7] conversa éste sobre temas de su predilección con Bioy Casares; un lector reconoce en Bioy al amigo y colaborador del narrador-autor; otro, ignorante de la relación, le atribuye la dimensión imaginaria que en el texto tiene. ¿Se equivoca el primero? No exactamente. El Bioy Casares y el Borges de las calles y provincias argentinas están allí y son quienes son, parecidos a sí mismos y desempeñando en la comedia el papel que viven en la realidad, pero ficcionalizados, asimilados por la escritura y funcionando como figuras de la invención que inventan. El experimentador, ya es bien sabido, es parte del experimento.

Si se opta por ver al Borges y al Bioy cotidianos en la excepcionalidad del cuento, la opción parece equivocada: la lectura se detuvo en el umbral del texto, en una literalidad engañosa. Su cuento no es el mío. Y seguramente la discrepancia se ensancharía al adelantar el comentario; el signo apuntará más lejos según el horizonte que cada cual alcance a ver: «el que no sepa leer que se guíe por la mano», rezaba el cartelito del chigre apuntando a los servicios. Con esta diferencia: la mano está en filigrana, bajo lo escrito.

Un repaso a la bibliografía torquemadesca citada al final de esta obra mostrará diferencias y divergencias casi increíbles, pero también coincidencias impuestas por la solidez de la estructura. No todos la siguen con igual rigor, y por eso, como es obvio, más allá irá o más acá se quedará en tantos casos la lectura, y la crítica —lectura aguzada o deformada

---

[7] «Tlón, Uqbar, Orbis Tertius», en *El jardín de senderos que se bifurcan*, 1942, ahora en *Ficciones*.

por el profesionalismo—: el diálogo autor-lector es libre y no lo rige el automatismo. Cuanto mayor la coherencia del texto, menor la distancia entre quien lo cifró y su descifrante, y por dos razones: sin fisuras, la prosa es corriente en que el lector flota, suavemente, cogido en su impulso; es fácil ajustarse a lo que fluye «lógicamente» (con lógica textual), sin intrusión visible del autor. El *close reading* es la mejor manera de leer, pues mirando de cerca cualquier inconsistencia choca y detiene la atención.

He pasado sin avisar del lector al crítico, y ya se ve por qué: hábito y vocación hacen de éste el decodificador ideal, el que —en teoría— más pronto y mejor captará los indicios y seguirá por su orden y hasta el fin las señales y los signos. También, y no sé si es una ventaja, pero es un hecho, quien con más facilidad pasará de la lectura a la respuesta. Que puede ser extemporánea nadie lo negará, y los ejemplos se dan a duro la docena, pero extemporaneidad no siempre quiere decir sinsentido, y la respuesta, si no intenta suplantar la obra comentada, puede descubrir lo latente y no explicitado, o no del todo explicitado en ella.

No es imposible que el texto calle obligando al lector a aceptar el silencio —o a colmarlo por sí—. Recordaré algunos casos. Dos corresponden a novelas de Henry James: en *The Ambassadors* nunca se dice cuál es el artículo cuya fabricación ha enriquecido a la familia de Chad Newsome, el joven millonario a quien los enviados de su madre, «los embajadores», deben alejar de los azares parisinos y devolver al redil. Según observó Forster, el artículo «es más bien ignoble y ridículo, y con eso basta. Quien decida ser rudo y osado y lo visualice..., lo hace por su cuenta y riesgo...»[8] y no hace falta

---

[8] E. M. FORSTER: *Aspects of the Novel*, Edward Arnold, Londres, 1927, pág. 197.

precisar de qué se trata para entender cabalmente la novela.

Más chocante es la reticencia de James en *The Wings of the Dove*. ¿Cuál es la enfermedad de Milly Theale, tan importante en la acción y en el desenlace? Siguiendo la línea de Forster, puede decirse que la protagonista padece una enfermedad mortal y con saber eso basta, pero dudo que en este punto se contente el lector con leer y pasar; parece como si el autor quisiera impulsarle a colmar imaginativamente el vacío.

En *Ana Karenina*, un ferroviario es muerto por el tren. ¿Cómo, por qué ocurre el accidente, pues accidente parece? No se dice, y cada quién queda en libertad de imaginar lo que mejor le parezca. Más allá no se puede ir, ni es necesario si como supone Barbara Hardy el hecho queda deliberadamente oscuro para reforzar la sensación de verdad que produce la novela [9].

Silencio más complicado que cualquiera de los anteriores es el de *Sanctuary*, de William Faulkner. La oscuridad en esta novela no es marginal o incidental, sino central: las circunstancias en que se produce la violación de Temple Drake por el gangster Popeye. Pasa el lector a través del incidente sin darse cuenta bien de cómo ha ocurrido, y sólo logrará averiguarlo cuando poco a poco vaya asociando los datos dispersos en el texto. Y si la información sobre este punto aparece aunque lenta y oblicuamente, algo queda sin explicar: la actitud de la protagonista ante el tribunal, acusando de asesinato a un inocente.

Una lectura correcta requiere la captación del ritmo. En poesía, eso se da por supuesto. ¿Por qué

---

[9]   Barbara HARDY: *The Appropriate Form* (1964), Northwestern University Press, Evanston, 1971, pág. 12.

no en la novela? Señalé en otro capítulo la diferencia de ritmo observable en las novelas de Torquemada. Si se mantiene una velocidad uniforme de lectura, el desajuste será inevitable: *Torquemada en la hoguera* fue escrito para leído de un tirón, acompañando al protagonista en su ir y venir, agitado por los temores que le asedian; *Torquemada en el purgatorio* pide una demora, eliminar la agitación precedente, seguir el incidente al paso moderado con que se le describe. Un crítico inglés ha dicho que «leer despacio es leer de otro modo y no, según algunas veces nos sentimos inclinados a creer, con mayor atención»[10]. Leer al paso de la narración es ajustar la lectura al texto, que unas veces nos dirigirá a la fábula, otras a la trama y otras al modo como ésta se entreteje.

Entender el principio dinámico de la novela es entender la novela misma, pues es el determinante de la sustancia, sea en Dostoievsky, sea en Proust, sea en Galdós. Y el ajuste texto-lector responde también a las leyes de un proceso variable, de la alteración, ya indicada, del uno por el otro. Será mejor reconocer la operación como un movimiento en dos direcciones, más complejo de lo imaginado a primera vista: mientras lee, la mente trabaja, recuerda lo leído y lo recuerda con fluctuante precisión, según el tiempo transcurrido entre el antes y el ahora: días, horas, minutos.

Digo recuerda y no es decirlo todo, pues se trata de un acto integrador en el que a lo recordado se suman las anticipaciones, hipótesis y construcciones de la imaginación. Lo cambiante del texto es lo cambiante del mar, siempre el mismo y nunca lo mismo;

---

[10] Ian GREGOR: «La crítica como actividad individual: el acceso a través de la lectura», en Malcolm BRADBURY y David PALMER: *Crítica contemporánea*, Cátedra, Madrid, 1974, página 249.

las variaciones que ocurren en el curso de la lectura son sutiles y a veces mínimas si se trata de un poema lírico, sustanciales cuando de novela. El lector que concluye «Yo voy soñando caminos de la tarde» siente el deslumbramiento de la verbalización justa, de la palabra que ha creado acción y espacio y sentimiento en una veintena de líneas; la percepción de la experiencia propuesta en el poema ha sido tan rápida que la lectura deslumbra, pero no da oportunidad —tiempo— para el cambio. Quien acaba el *Quijote*, o *Demonios*, o *Torquemada* es «otro» —otro lector—, diferente de quien comenzó la lectura. El descifrado de la novela supone una comprensión cabal de su sentido que sólo la totalidad proporciona. Si todo leyente no se constituye en lector es porque no basta pasar la vista por las páginas de un libro para desempeñar la función lectora: el lector potencial sólo se convierte en lector real cuando acepta el pacto propuesto por el autor: desenredar la madeja enredada tan adrede por aquél, reactivar el código, descifrándolo.

Seiscientas cincuenta páginas ocupan las novelas de Torquemada en la edición manejada por mí. Inevitablemente, el tiempo invertido en leer obras tan extensas obliga a una discontinuidad en la lectura que supone tomarlas, interrumpirse, volver a ellas, dejarlas otra vez, entrando y saliendo del mundo imaginario, pasando de él al cotidiano, y viceversa. La ficción se hace así parte de la vida, calle colindante con la nuestra, un hábito, algo que nos incita mientras otras cosas bostezan, nos altera cuando ensimismados y nos concentra cuando distraídos.

La disposición de ánimo varía de una ocasión a otra, de una entrada a la siguiente (y, por supuesto, de una lectura a las ulteriores, cuando es conocido el desenlace y se contaron los pasos dados para llegar a él); el diálogo con el texto puede ser más polémico, o, por lo menos, más complicado, si en él se interfiere lo ocurrido entre lecturas, en ese espacio en que los personajes, o sus sombras, o sus palabras nos acompañaron, induciendo a una familiaridad que los transfigura de la letra a la carne, facilitando la conversión en semejantes que, si no vigilada y controlada, puede llevar a los extremos registrados en las páginas iniciales de este ensayo.

El espejismo es favorecido por la consabida y deliberada reaparición de personajes de otras novelas. Ellos, como el lector, entran y salen de la novela, y cambian de una en otra (Isidora y Augusta son buenos ejemplos) o siguen siendo como fueron (caso de Malibrán, tan equívoco en esta serie como en *La incógnita* y *Realidad),* contribuyendo a fortalecer la idea de que a nuestro alcance está un mundo compacto y definido. Aun si alguna corriente crítica objeta a la autonomía y aun a la realidad del universo novelesco, éstas son fácilmente observables: la unidad de visión y la unidad de percepción se expresan en un modo de caracterización y en una continuidad de escritura que enlazan las novelas entre sí y dan al conjunto la coherencia que permite ver como unidad las que fueron entidades separadas.

Las condiciones de suspensión y reanudación de la lectura impuestas por la extensión favorecen ciertos cambios de perspectiva: quien vivió con el primer Torquemada presencia su metamorfosis desde una altura cargada de conocimiento y, sobre todo, de previsibilidad. Variación perceptual, pues la visualización de situaciones y figuras no puede ser la misma cuando los signos operan sobre una conciencia en blanco que cuando ha sido afectada, formada, por el conocimiento.

En otra dirección, el vaivén de la lectura determina en el texto un cierto movimiento: su estatismo —ya lo insinué en la imagen, hace dos páginas—

está sujeto a reflejos, a reverberaciones que son suyas, cierto, pero suscitadas por el dialogante que al incorporarse a la novela cambia de luz situación y figuras. Manipulado por el texto se convierte a su vez en manipulador: en la novela realista se le pide un tipo de actuación que Unamuno con su habitual contundencia, resumió así: «Sólo haciendo el lector, como hizo antes el autor, propios los personajes que llamamos de ficción, haciendo que formen parte del pequeño mundo —el microcosmo— que es su conciencia, vivirá en ellos y por ellos» [11].

Texto y conciencia, más —aquí— el empeño de identificar las sombras con el sueño y de dar bulto a las palabras. Solicitar lo escrito para que las figuras parezcan más humanas y al acercarse al lector le contagien de su condición «inmortal». Hace tiempo expliqué cómo «el ansia de eternidad» impulsó a Unamuno a ponerse en los personajes novelescos para, suponiéndolos duraderos, multiplicar las posibilidades de supervivencia, logrando a través de ellos la única inmortalidad en que su razón le permitía creer. Al compenetrarse con el ente de ficción, el lector —siguiendo el vocabulario unamuniano— o se traslada al espacio imaginario o los traslada a su reducto interior, a su conciencia, y los sueña semejantes.

(Véase cuánta extensión hemos corrido hasta llegar a la concepción de la novela hoy en boga. Con Unamuno el hombre —y el lector o el crítico— se aproximan a lo intemporal, y, en todo caso, a un momento histórico en que el lector Juan Ramón Jiménez se enamoraba de la muchacha imaginada por los Martínez Sierra o en que, menos extremosamente, la *Revista de Occidente* (dirigida por Ortega)

---

[11] Miguel DE UNAMUNO: *Tres novelas ejemplares y un prólogo*, «Colección Austral», Espasa-Calpe, Madrid, 1955, página 14.

preguntaba a un grupo de escritores-lectores si Julián Sorel era simpático).

La movilización del lector en la dirección deseada se logra por diversos medios: uno muy seguro consiste en subrayar la acción y las reacciones del personaje con murmullos y reflexiones del narrador que así añade a su función de cronista la de comentador, situándose respecto al incidente en relación análoga a la del lector. Tal analogía permite observar a Iser lo siguiente: «Esta relación simulada [esta equivalencia] da al lector la impresión de que él y el autor son compañeros (partners) en el descubrimiento de la realidad de la experiencia humana»[12]. Compañeros de viaje, y el viaje —bien se sabe— es esencialmente formativo, instructivo.

Donde Iser escribe «descubrimiento» pudiera decirse «construcción», pues la realidad que autor y lector descubren es creada en el proceso de recorrerla y describirla. Creación donde historia, sintaxis y lenguaje contribuyen a instituir un orden y una problemática en que el lector debe perderse para mejor encontrarse. Ver al narrador como guía de un laberinto por el que adelanta con titubeos y perplejidades no sería mala manera, aunque oblicua, de entender la función de su acompañante (partner), vacilante al comienzo y seguro cuando los datos se acumulan y el código se precisa: sí, hasta las perplejidades orientan.

Por eso es lícito afirmar que la novela del narrador y la del lector corren paralelas, aunque con paralelismo no euclidiano y a distancia. No euclidiano, digo, pues el paralelismo no excluye la coincidencia, el encuentro y hasta la yuxtaposición. Van juntos, pero a niveles diferentes del mismo tejido verbal, y los esfuerzos del narrador para orientarse

---

[12] Wolfgang Iser: *Obra citada*, pág. 102.

tanto van dirigidos a superar la incertidumbre como a facilitar la marcha de un compañero que no por llevar su propia brújula —y su propio equipaje— deja de atender a las señales. Todo el intríngulis consiste en esquivar el riesgo —o la tentación— indicado más arriba: no pase el lector de receptor a intérprete, no suplante el mensaje emitido y la experiencia creada proyectando en ella la suya propia.

Del lector «realista» se espera menos actividad que del lector de la novela actual, o quizá una actividad de otro tipo. Cuando T. S. Eliot examinó las dificultades de *Nightwood*, la dolorosa novela de Djuna Barnes, sugirió que se leyera el texto como se lee un poema [13]. Sugerencia aguda, seguramente hecha pensando en las ambigüedades del texto, no menores que las de *Four Quartets*, pero, acaso no mayores, aunque de otro tipo, que las de *Crimen y castigo* o *Demonios*. El esfuerzo por encontrar el significado unívoco bajo la narración tal vez equívoca, no lo impone la ambigüedad, sino las complicaciones —muy visibles en la poesía lírica desde Mallarmé y Rimbaud y en la novela desde Joyce— de textos en que la creación de la obra y la creación del lenguaje son la misma cosa.

Y cuando digo «lenguaje» no pienso únicamente en las palabras, sino en un modo de expresarse distinto del habitual en la tribu. Humberto Eco compara al receptor de la poesía lírica con el criptoanalista, «obligado a descifrar un mensaje del cual no se conoce el código» [14]; la comparación parece exagerada, sobre todo pensando en sus implicaciones y en la equivalencia sugerida entre poema y acertijo, pero no es dudoso que el código esté en el

---

[13] Djuna BARNES: *Nightwood,* Introducción por T. S. Eliot, New Directions, Nueva York, 1966.

[14] Humberto ECO: *Apocalípticos e integrados,* Lumen, Barcelona, 1968, pág. 111.

mensaje, como luego afirma, apoyándose en Jakobson.

La ambigüedad propuesta en la novela realista no se funda en ignorancia del código, sino en incertidumbres semánticas o en la limitada comprensión de una situación, tal vez de un gesto. Ejemplo de lo primero es, en *Torquemada y San Pedro*, la escena de la muerte del usurero; ejemplo de lo segundo, el bufido del mismo frente al cuadro de Prometeo. Sólo atendiendo a la totalidad de los componentes narrativos y a su interrelación será posible atribuir un significado correcto a pasajes como esos —y correcto, aquí, quiere decir coherente—. La estructura, pues, opera como brújula y ateniéndose a ella se leerá lo escrito en la dirección a que apunta.

Me detendré de nuevo en la escena de la muerte de Torquemada, momento de suma perplejidad para el lector y para los personajes. El lector fue imaginando al usurero desde los supuestos facilitados por el narrador; forjando una imagen donde sólo había palabras, y a partir de ellas, pero a la vez la fue nutriendo de sí, de su conocimiento del referente, de la constatación de que el personaje vive debatiéndose entre su propia lógica y la de quienes le rodean y de que el conflicto determina su modo de actuar (su «carácter»). El momento final, el choque definitivo dirá hasta qué punto la lectura responde al ser del personaje, mas cuando el momento llega, la palabra de Torquemada, lejos de esclarecer nada, introduce la confusión, ya irreversible.

«Conversión» es en contexto palabra ambigua; el sacerdote habla de religión y el penitente de finanzas: al lector corresponde decidir. ¿Cómo? Los antecedentes del personaje y de la situación no bastan. Por eso el narrador inserta en el relato el comentario y deja la cuestión en duda: las connotaciones dependen de la perspectiva y ésta es enturbiada por las circunstancias. El lector acertará, creo yo, si acompañando al narrador en su discreta indecisión, se abandona a la pasividad, negándose a las hipótesis. En tal punto, el diálogo es o debe ser de silencios.

Silencios difíciles, pues el cerebro sigue trabajando, y redoblará su actividad si el texto le sitúa frente a un tejido más incitante por más problemático. Problema insoluble porque el autor implícito así lo ha querido: la ambigüedad es consecuencia de la situación y debemos aceptarla, según el narrador sugiere, como resultado de nuestras limitaciones y de las suyas; no quiso él hablar desde la conciencia del protagonista, sino desde fuera, alineándose con los otros personajes y participando de sus dudas. La condición pensante del lector no le autoriza a descifrar el vacío. Aceptar la ambigüedad final es aceptar la dialéctica del personaje y la de la novela misma.

Así, la conclusión es una para todos, personajes, narrador y lector: la duda —no sé si metódica— que desde el comienzo rige la relación con el protagonista, cierra la novela y le confiere, definitivamente, carácter. Siendo la escena y la palabra el pronunciamiento final, al aceptar el equívoco, el hecho de que lo uno y lo otro sean, no sólo posible, sino lógicos (en la lógica del texto), el lector acepta un signo, un modo de construcción y un estilo. Pieza pensante del sistema estructural, vivió la novela resistiendo-aceptando presiones verbales y respondió a su manera, que, idealmente al menos, debe coincidir con la pauta deslizada por aquél, y como falsilla, bajo la lectura.

Retrocediendo de los finales a los principios veremos al protagonista corriendo en pos del milagro. Ya está allí, como posibilidad siquiera, la conversión, pues, si su niño vive, Torquemada será otro y de maléfico se convertirá en benéfico. No sucede así, y de ocurrir no habría novela, pero en lo dudoso —y en lo contractual, ya que Torquemada no cambia de piel sin pactar las condiciones del cambio— se anticipa la conclusión. Remota, imprecisa homología, sólo perceptible cuando el texto se cerró en una oscilación que explica las anteriores y nos devuelve a la que precedió a todas. Las llamadas por Erlich «leyes de la producción literaria»[15] se han cumplido rigurosamente.

El lector no puede sustraerse a una conclusión; la falsilla se la fue imponiendo. ¿Qué conclusión? Todo responde a esas leyes de que habla Erlich y marcha según el mecanismo exige. Lo que ese mecanismo tiene de rígido lo atenúa el movimiento natural del discurso, la presentación de cada elemento en su coherencia, lo que no quiere decir rigidez, sino fidelidad a la función. No son las psicologías del autor, sino la lógica de los personajes lo determinante de este discurso cuya validez depende de su rigor y su expresividad, es decir, de su forma. Como siempre y más que nunca, es arriesgado e innecesario —imposible, creo— separarla del «contenido».

Los indicadores de la presencia lectorial en el texto galdosiano son muchos y muy variados; van desde la reaparición de personajes procedentes de otras novelas al subrayado de tal palabra o frase, desde la mención expresa a la pregunta pseudo-retórica, desde las referencias cronológicas a la alusión de sucesos históricos de que la obra no trata. Todas las señales apuntan a conocimientos y pericias, son prerrequisitos de la lectura y condicionamientos de quien la practica[16].

---

[15] Victor ERLICH: *Russian Formalism,* Mouton, La Haya, 1965, pág. 81.

[16] En la década de los setenta, la cuestión del lector en la novela, además de en el libro de Iser fue estudiada, entre otros, por Gerald PRINCE: «Introduction à l'étude du

La sencillez del lenguaje, el tono del narrador y sus intrusiones en el texto son medios para incorporar al lector a la narración, familiarizándole con la textura para que reaccione como reaccionaban los expertos de la reunión neoyorkina. Si desprevenido entra en el juego tal vez no advierta que las técnicas son más sutiles de lo que parecen, siendo la sencillez un modo de disimular-revelar la complejidad de las percepciones: si Torquemada es «real», lo es, como Alonso Quijano, por la consistencia del texto, y no por eventuales semejanzas con el prestamista de Carretas, con el hidalgüelo de Argamasilla.

En el ensayo «Comment lire?»[17] Tzvetan Todorov señala modos de lectura que importa recordar; su distinción entre lectura-lectura y lectura-comentario apunta dos tendencias ya registradas en estas páginas; la característica del comentario es la fragmentación, la de la «lectura» la organización, y sólo quien sepa descomponer y recomponer[18] el texto en su mente es el lector a que aquí me refiero. No se trata de reducir el texto a sistema; sí de observar las conexiones y enlaces que al unificarlo le constituyen: por ejemplo, reconocer las novelitas intercaladas en el *Quijote* o en *Niebla* como pertinentes y parte de la estructura novelesca.

Cuando, en «Todos los fuegos el fuego» o en «La noche boca arriba», de Cortázar, el lector se enfren-

narrataire», *Poétique*, número 14, 1973; Walter Ong: «The Writer's Audience is Always a Fiction», *PMLA*, vol. 90, 1975; Mary Ann Piwowarczyk: «The Narratee and the Situation of Enuntiation: A Reconsideration of Prince's Theory», *Genre*, vol. 9, 1976. Prince y Piwowarczyk estudian la figura del narratario, o modos de actuación del lector en la novela. Ha vuelto a examinar el problema William Ray en «Recognizing Recognition: The intra-textual and extra-textual Critical Persona», *Diacritics*, vol. 7, 1977.
[17] *Poétique de la prose*, Seuil, París, 1971, págs. 241-253.
[18] Enrique Anderson Imbert: *Crítica interna*, Taurus, Madrid, 1960, págs. 268-269.

ta con dos acciones paralelas y coincidentes, la diversidad de tiempos y de espacios se consolida en su mente como una «figura» (la expresión es de Morelli, en *Rayuela)* que los asume en lo que Frank llama «una síntesis de significación». La forma del texto tiene precisamente esa lógica y sólo una lectura sincrónica, como el mismo Frank indica, puede dar razón de su consistencia [19].

Citando a Cortázar, me alejo de la novela realista, para registrar divergencias de grado, pero coincidencias de operación en la lectura-lectura. Con todo, las divergencias no pueden ser pasadas por alto al señalar el cambio operado en la ficción desde Joyce hasta el presente; cambio que Virginia Woolf concretó en el adjetivo «cómplice» donde otros se contentaron con decir «amigo». Ya señalé lo excesivo del término, aun si la lectura exige una actividad que no es sólo asimilativa y analítica, sino imaginativa. El punto delicado es el relativo al equilibrio entre textualidad e inventiva. Leída como metáfora de una situación la palabra «cómplice» será aceptable y traducible como superación de un tipo de relación no muy alejado del que se sugiere al decir «novela del lector», otra metáfora, de circulación condicionada a que la relativa autonomía de éste se supedite a la novela a secas, a la novela del autor, tan obvia que ni parece necesario mencionarla.

Unamuno pensó alguna vez en escribir una novela con «dos conclusiones diferentes —acaso a dos columnas— para que el lector escogiese». No lo hizo —dice— por creer que el lector «no quiere que le arranquen la ilusión de realidad» [20]. ¿Idea extrava-

---

[19] Joseph FRANK: «Spatial Form: An Answer to Critics», *Critical Inquiry,* vol. 4, n.º 2, Invierno de 1977, págs. 237 y 235.

[20] Miguel DE UNAMUNO: *Niebla,* ed. cit., pág. 58.

gante? Mejor dejar la cuestión en suspenso, y pensar, no más, en lo que se hubiera consentido y exigido al lector de este texto [21]. El escultor español Angel Ferrant realizó unos «tableros cambiantes» en que las partes de la escultura eran movibles; el espectador podía, dentro de ciertos límites, desplazarlas y ordenarlas dando forma a objetos diferentes. Quizá Unamuno pudo haber intentado algo así; sugerir dos posibilidades de cierre no hubiera sido, después de todo, sino explicitar lo implícitamente sugerido en otras invenciones suyas *(El otro,* y aun *Niebla).* Escribir «novelas cambiantes» exigiría abrir opciones en cada uno de los momentos del conflicto y no sólo en el desenlace.

Cuando así ocurra (y el futuro parece abierto a tales proyectos) la decisión del lector cerrará la novela y, acaso, determinará hasta cierto punto (como el espectador con los «tableros cambiantes») su forma. Los incidentes estarán ahí, pero el modo de combinarlos correrá a cargo del lector. Por ahora, y la página final de la serie de Torquemada lo dice claramente, su novela (la del lector) acabará tan ambiguamente como la del narrador y la del protagonista. El autor que, en definitiva, tenía la última palabra, decidió presentarla en el marco que mejor convenía a sus propósitos. Y, hubiera dicho Unamuno, ¿acaso podía hacer otra cosa?

---

[21] Seguramente conviene citar aquí a Virginia WOOLF: «Si cuando leemos pudiéramos desterrar las ideas recibidas, eso sería ya un comienzo admirable. No dictar al autor; esforzarse en ser él; ser su compañero de fatigas y su cómplice.» *(The Second Common Reader* (1932), Harcourt, Brace, World, Nueva York, s. a., pág. 235.)

XII

LA PRESENCIA AUTORIAL

El autor no está en la novela, sino fuera, distanciado por la creación de un narrador a cuyo cargo deja la presentación del conflicto y de los personajes. Algo suyo se filtra en la obra, al fin *su* obra, y ese algo varía según el hombre y las circunstancias. Unamuno está tan presente en el personaje que sus novelas pueden llamarse, con buenas razones, autobiografías. Joyce asoma en su artista adolescente; Kafka, muy de otra manera, acompaña al visitante de la colonia penitenciaria y hasta deja ver hilachas de su conciencia bajo la caparazón de la cucaracha que fue Samsa. Galdós trató, y en general logró, mantenerse en su papel, dramatizarse él mismo lo menos posible, y de ahí, por un lado, la vigorización del narrador y, por otro, la tendencia a que los personajes hablen con su propia palabra, más verdadera que la del autor.

Desde una posición dominante que abarca texto y contexto, el autor, indicó Foucault, «organiza los textos, revela su modo de ser o al menos los caracteriza» [1]. Este cuadro, aun sin firma, declara ser un Velázquez; esta novela es un Galdós y no, desde luego, un Pereda. Su presencia la revelan peculiaridades

---

[1] Michel FOUCAULT: «Qu'est-ce qu'un auteur?», *Bulletin de la Société française de Philosophie*, vol. LXIV, 1969, página 88.

que el ojo contabiliza y la mente contrasta con la de otros autores, inscribiendo las diferencias en un marco general de analogías.

Ocurre en la narrativa un fenómeno paralelo a lo observado en la lingüística saussuriana: a un lenguaje general que se mantiene desde *Lazarillo* a Benet, desde Fielding a Faulkner, cada autor aporta un acento, una visión y una manera de ordenar las incidencias que constituyen la fábula. Esto es lo que tradicionalmente se llama estilo, y la estilística fue, no hace mucho, una escuela y una metodología de análisis literario. «Las cosas artísticas son de una sustancia llamada estilo. Cada objeto estético es individuación de un protoplasma-estilo», recordó Ortega [2], y casi con su pluma añadiremos: Así, el individuo Torquemada es un individuo de la especie Galdós, pese a Grandet y al prestamista de la esquina.

Los inevitables desplazamientos del autor desde fuera a dentro y las huellas de su presencia perceptibles en el texto dan lugar a la emergencia de la figura que Wayne Booth llama autor implícito. Galdós, con buen sentido, había dicho en el prólogo a *El abuelo* que por oculto que esté, el artista nunca desaparece de su obra, y si esto fue verdad en el siglo XIX, o en el XVII, hoy es, si cabe, más cierto: los esfuerzos por escamotearle revelan de otro modo su presencia y su carácter.

Al escoger el título, el autor sugiere dónde pone el acento, en quién o en qué se centra el interés, facilitando así una primera clave: *Ulysses*, *Crimen y castigo*, *Ana Karenina*... Galdós es en este punto muy explícito: escribe *Doña Perfecta*, *El amigo Manso* y el lector sabe cuál es el eje del conflicto; *Torquemada en la hoguera*, y el personaje arde; *Torquemada en la cruz*, y el inquisidor es «crucificado»; *Torque-*

---

[2] J. ORTEGA Y GASSET: *Meditaciones del Quijote*, «Colección Austral», Espasa-Calpe, Madrid, 1969, pág. 38.

mada en el Purgatorio, anuncia una continuidad y una variación; *Torquemada y San Pedro,* y entra en escena el portero celestial.

Cuando antes me referí al mundo galdosiano y a su tonalidad, fue como un conjuro, un modo de evocar la presencia del autor en la novela, en las novelas de Torquemada. Ahora es el momento de precisar el punto. Cuando el narrador, en la primera página de *Torquemada en la hoguera,* anuncia de quién va a tratar, no está refiriéndose a una entidad informe, sino a un ser concreto, de rostro y actividades conocidas para él y para una clase de lectores familiarizados con esa zona de la literatura. Pues ahí lo encuentra y de ahí lo toma el narrador, hermano o pariente muy próximo del que contó las intimidaciones del usurero a Rosalía (en *La de Bringas),* y del que le vio formar con los dedos la «fatídica» rosquilla que exhibía en otras novelas.

Creación, pues, preexistente, convocada por el autor para que dé de sí, para observarla en situaciones extremas; sólo en ellas y a través de ellas adquiere el ente ficticio su consistencia. Y el eje de la revelación en persona que creía, como Galdós creyó, en la sociedad contemporánea como materia novelable, tenía que pasar por la mesocracia española, clase que conocía a fondo.

Dos cosas interesaban fundamentalmente a Galdós: una, esa mesocracia de que procedía y con quien convivía; otra, el recinto de la mente, tan penumbroso. Sus obras oscilan entre la descripción del ambiente y el análisis de las nieblas interiores; novelas de situaciones y dramas de conciencia, ocurre en ellas una extraña mezcla de realismo e imaginación muy visible en la serie de Torquemada.

Interesado en la gente, por ese interés Galdós hacía interesante aún a los vulgares. Baudelaire dijo de Balzac que su genio consistía en entender lo trivial, entrar en él y hacerlo sublime sin cambiarlo[3], y algo así pudiera decirse del autor de *Misericordia* y de tantas obras donde, por «la alquimia del verbo», lo vulgar alcanza la trascendencia sin dejar de ser sencillo y de tamaño natural. Sublimar, en cambio, no era su estilo.

Galdós, que tanto aprendió de Balzac, acertó siempre a escribir un lenguaje diferente, el suyo propio, aprendido en la conversación y no en los libros, diferente de lo elevado y de lo romántico que por opuestas vías distancian. Lenguaje del café y de la calle, del pequeño negocio y el brasero, de la política y el periódico, instrumento que, como dijo Unamuno, acaso fue la mayor creación del escritor. No insistiré en la importancia del lenguaje en las novelas de Torquemada y en la vinculación entre él y los cambios de situación del protagonista, pero sí recordaré que tal fenómeno no es único en el mundo galdosiano. Fortunata, ya lo sabemos, siente su pobreza verbal como una inferioridad que a veces la paraliza.

Si examinamos la estructura narrativa de los Torquemada veremos que fue el autor quien decidió utilizar, junto al narrador principal, de que hablé con cierto detalle, otros narradores secundarios, complementarios, con función restringida: la de presentar desde fuera, como cronistas mundanos, la sociedad y sus fluctuaciones. Francisco Ayala analizó el cometido y desempeño de estos entes menores[4] que como el narrador principal, son a la vez personajes de la ficción, y, más precisamente, individuos del coro llamados, por su oficio y beneficio, a enterarse de las cosas y a informar de los sucesos.

---

[3] Citado por James ALDRIDGE: *One Last Glimpse*, Penguin Books, 1977, pág. 96.

[4] «Los narradores en Torquemada», *Cuadernos Hispanoamericanos*, n.º 250-252, octubre de 1970-enero de 1971.

Pereda y más tarde Unamuno novelaban sin planear, o, como dicen ahora, sin planificar. Lo que no es mala manera de entrar en materia cuando se cree en la autonomía del personaje. Si se disculpa la generalización excesiva, diré que, para novelar, Pereda partía de las figuras que le rodeaban, Unamuno de sí mismo y Galdós de la imaginación de lo observado. Los pescadores de Santander y los campesinos de Polanco pasan a la narración como «retratos» más que como invenciones; Unamuno multiplica o divide su ser en imágenes que coinciden, se oponen y agonizan por las mismas razones y por inquietudes idénticas a las suyas; Galdós, dado a las elaboraciones arquetípicas según se comprueba en *Doña Perfecta, Marianela, Gloria...*, quiso inicialmente explicar el mundo por la resonancia simbólica del conflicto y de las figuras.

Pero al llegar a Torquemada el caso es distinto y el desarrollo de su complejidad infinitamente mayor. El autor tiene ante sí un ser viviente que ha ido creciendo ante sus propios ojos; él mismo lo ha vivido y cultivado, pero no suficientemente. Puede crecer más, y esta idea, vista desde el otro lado de la mesa, quiere decir que el ente pide más vida, más atención, y no tanto porque aspire al protagonismo como porque la conveniencia de que tal sea se impone por su propia fuerza.

El primer requisito para que así suceda es sacar al personaje de las callejas y extramuros de sus sórdidos tratos y situarlo en primer plano, como principal agonista y eje del conflicto. Si éste es una situación extrema, las condiciones para el desarrollo del carácter serán muy favorables y, como suele decirse, iluminadoras. Los resultados a la vista están y no requieren mayor comentario. Siquiera brevemente, sí puede recordarse que planteado y agotado el conflicto inicial (en *Torquemada en la hoguera*) el autor, transcurridos dos años, vuelve al personaje y le dedica una novela en tres volúmenes, la de su ascenso y metamorfosis, conectada con la primera de la manera que sabemos. Si al escribir ésta pensaba o no en la siguiente, si eran ellas parte precisa o indecisa, mera posibilidad o quizá probabilidad, si la idea de continuar y establecer enlaces entre episodios y figuras se le ocurrió en un momento más tardío, etc., es cuestión difícil de contestar en el estado actual de la información, y en verdad tampoco importa demasiado. 1 + 3 parece ser la fórmula ajustada al ritmo de composición y escritura, referido el uno a un momento tenso, condensado en organización y dinámico en desarrollo, mientras los otros tratan de lo que sólo podía exponerse despacio y dilatadamente. El + es estructuralmente un decisivo signo de conjunción, y no sólo de adición.

La selección de los nombres, cuya significación ya comenté, al autor se debe, y en consecuencia él es quien, por éste y otros datos, incita a una determinada lectura de la novela. Si la serie tiene una riqueza de niveles que incluye lo simbólico, es porque él puso los signos en su sitio. El bufido de Torquemada al cuadro de Prometeo lo registra el narrador, pero quien colgó el cuadro donde el personaje lo encuentra fue el autor.

El es quien mueve personajes y prepara situaciones, puntos de dilatación, zonas de convergencia y transiciones plausibles, estableciendo una relación entre realidad y ficción determinada por impulsos de orden, resolviendo las contradicciones del referente en una trama reveladora. La sintaxis del texto declara cómo se pasó al escribirlo del caos al ajuste, de la incoherencia a la causalidad.

En el capítulo anterior, al tratar del lector quedó sugerido algo relativo al autor. Pues éste es quien le incluye; quien al escribir la novela le reserva un lugar y una función. Mientras escribe no piensa en un lector concreto, su vecino o su distante, sino en la conciencia a quien incumbe reconocer las alusiones, establecer las relaciones e interrelaciones del texto, recibir y gozar y virtualizar las imágenes. Volvemos la hoja, y el revés de la trama, la mano tejedora, el producto y el movimiento declaran la presencia del hacedor.

Es un juego, cosa seria; el autor fija las reglas y confía en que serán observadas. Si el narrador es ambiguo, es porque la ambigüedad le sienta bien y al autor le conviene; si la cronología se rompe es para forzar la atención del lector, imponiéndole ordenación y reconstrucción. El padre Ong ha observado algo pertinente al caso: el lector debe ajustarse a los cambios en las reglas, aunque éstas y aquél no sean explicitados, sino implícitos, no más [5]. Decir o no decir, insinuar y aún callar puede ser la ley, y de la información retirada tal vez se pasa sin transición a la información declarada. Quizá se optó por un narrador inseguro para forzar la mano y la imaginación del lector; quizá se optó por un narrador que declara desde la primera línea su ficcionalización para imponer el reconocimiento de lo ficticio como verdadero espacio de la acción. Inútil, por innecesario, perderse en las mil posibilidades de que el autor dispone.

Según su distancia de la obra, así su visibilidad; cuando arriesgue interferencias insólitas, comentarios o reflexiones no atribuibles al narrador y que incluso le rectifican y corrigen, su presencia indicará urgencia de comunicar algo que, por cualquier razón, es él y no sus figuras, narrador incluido, quien debe declararlo. Lo peligroso de la ingerencia

---

[5]   Walter J. ONG, S. J.: «The Writer's Audience is Always a Fiction», *PMLA*, vol. 90, 1975, pág. 12.

directa condujo a la hipótesis que Wayne Booth llama autor implícito. Si el didactismo asoma, asoma enmascarado, lo que no sé si es mejor o peor o lo mismo.

Booth, hombre de buen sentido, dijo recientemente que «el verdadero creador es el autor: no autor, no texto y no lector» [6]. Que tan obvia verdad deba ser recordada en una reunión de críticos es hecho digno de meditación, pues indica hasta dónde ha llegado el ánimo de afirmar como literalidad lo que es verdad, sí, pero con la verdad de las metáforas. El mismo Booth y en la misma ocasión dijo, con no menos fundamento en lo consabido, que el autor es una autoridad en cuanto al material de que dispone [7], y esto no cabe olvidarlo por legítimas que sean, y yo creo que lo son, las aproximaciones a la novela como producto que crece de sí mismo.

Lo sugerido al comienzo y la estructura misma de este trabajo muestra hasta qué punto entiendo la acción novelesca como derivada de la movilidad creativa de sus figuras. Cada una, dije —figurativamente—, hace su novela. Ahora añadiré, recordando a Galdós y todavía más a Unamuno, que la hace, como el hombre su vida, bajo la vigilación benévola de un creador que ha estipulado consigo mismo la libertad de sus criaturas, porque sin libertad la existencia de éstas sería un simulacro, pero que la vida que viven y el mundo donde la viven les son dados por ese hacedor a quien sabemos tentado por el deseo de descender y juntarse con ella, como don Miguel lo hizo con Víctor Goti y Augusto Pérez, y Francisco Delicado con la lozana prostituta de quien gozó. Mayor intimidad no cabe. El autor se ficcionaliza y, a la vez, revitaliza al personaje. (En el caso

---

[6] «For the Authors», en *Novel*, vol. 11, n.º 1, otoño de 1977, pág. 7.
[7] *Ibídem*, pág. 9.

de Galdós, quien se acuesta con Rosalía Bringas no es el autor, sino el narrador.)

La seducción del autor —o del narrador— es, claro está, un incidente novelesco que hace sonreír, pero también un recurso para acentuar la autonomía del personaje, según observó hace tiempo Joseph Gillet[8]; el grado de libertad que se le consiente señala la actitud autorial y el modo de creación. A veces el novelista opera como el matemático: el punto de partida es lo que Henry James llamaba «donnée» (un suceso leído en el periódico; una anécdota escuchada en una cena; una figura vista a la puerta de la iglesia...) y se esfuerza en encontrarle solución. A lo largo de ese esfuerzo ocurre la tensión entre él y sus entes, o los que inicialmente fueron, no más, sus entes, y ahora son seres que se le escapan. Tensión entre las hipótesis del autor, las psicologías que atribuye al personaje, y la actuación de éste, reaccionando en cada situación según su propia lógica.

Galdós no suele convocar el yo autorial: con el narrador le basta. Un rasgo de humor, un punto de ironía sugieren su intrusión en el texto. Todo queda, suele quedar, en un cambio de tono, perceptible al oído vigilante y, acaso, en una preferencia por los momentos en que la auto-revelación se producirá por sí (sueños, delirios) y en la opción por figuras en que el desequilibrio transmite «el sentimiento trágico de la vida». No que se propusiera tragediar novelando, sino que la esencia de la existencia tiene el carácter de una lucha con el destino en que el hombre es al final vencido, como Torquemada lo es, pero ambiguamente.

---

[8] «The Autonomous Character in Spanish Literature», *Hispanic Review*, vol. XXIV, n.º 3, 1956. Traducción española en Agnes y Germán GULLÓN: *Teoría de la novela*, Taurus, Madrid, 1974.

11

El autor tiene ante sí una página, un microtexto, y a la vez, está escribiendo una novela, relacionada o relacionable con otras en que figuró el protagonista y alguno de los agonistas menores. Alguna vez el ente de ayer y el de la página de hoy apenas tienen de común el nombre, conforme sucede al Silvestre Paradox, de Baroja, tan otro de su encarnación primera cuando reaparece en *Paradox rey*, pero en general, descontadas las alteraciones causadas por el paso del tiempo y por la experiencia (casos de Isidora Rufete y de Augusta Orozco en la serie torquemadesca) el personaje conserva un sustrato de personalidad de que el novelista no puede prescindir a la ligera. Ese sustrato en Torquemada es la avaricia, y la novela total el macrotexto gravitante sobre cada particular incidente.

Relacionada con este hecho la constatación de que la obra se relaciona con otras que se le parecen o se le oponen, pesa de algún modo en la creación. La insistencia de los formalistas rusos en situar la obra literaria en el contexto de la literatura ha encontrado ahora portavoz elocuente en Northrop Frye, y aun sin discutir a fondo afirmaciones seguramente válidas, bastará con aceptar la presencia consciente o inconsciente de ese corpus general en quien está escribiendo y constatar que su actitud, unas veces por reflejo y otras por antítesis, dependerá de lo ya escrito. Se lo plantee o no en los términos de T. S. Eliot, intuye, conforme éste creía, que «el pasado es tan alterado por el presente, como el presente es dirigido por el pasado. Y el poeta que está enterado de esto sabrá lo grandes que son sus dificultades y responsabilidades» [9].

Ese saber contribuye a lo llamado por Harold

---

[9] «Tradition and the Individual Talent», *Selected Essays*, Faber and Faber, Londres, 1932, pág. 15.

Bloom «ansiedad de la influencia», tejida de contradicciones: ser como Balzac, pero no ser Balzac sino Galdós. (La invisibilidad del fenómeno no afecta a su producción.) Y si no «ansiedad», palabra y concepto cargados de resonancias psicológicas de exactitud difícil de probar, sí, más seguramente, deseo de sustituir la imitación por la variación en la continuidad; seguir la línea general, pero aportando algo que afecte su sentido y haga que lo pasado parezca haber sido escrito con vistas a la nueva dirección que ahora se le impone, después de haberlo tenido «presente» y de asimilarlo.

Resumiré lo que harto pudiera dilatarse en el comentario. Tres tipos de tensiones se imponen al autor de la novela realista en el momento de la escritura: el de la «psicología» supuesta o impuesta al personaje y la actuación «lógica» con que este responde al conflicto; el del ajuste entre el microtexto de la página y el macrotexto de la novela, y, por último, el más ambiguo y extenso derivado de la inevitable inserción de la palabra escrita en el vasto ámbito de la literatura.

Estas tensiones se resuelven de manera diferente y hasta contradictoria según el autor y según el propósito. Ni vemos al uno ni hace falta saber del otro sino lo declarado en el texto, o, quizá mejor, por el texto. Este dice si, como le sucedía a Gabriel Miró, la página es tan brillante que parece vivir y vivir por sí, no subordinada al conjunto tan estrictamente como debiera. Las relaciones intertextuales apuntan, y ahora el ejemplo sería Unamuno (como pudiera serlo Benet), a cómo se hace una novela poniendo sobre la falsilla conocida (balzaciana, si pensamos en el primero; el himno homérico, si pensamos en *Un viaje de invierno)* la escritura personal.

Del primer supuesto choque no será preciso añadir nada, pues todo este librito, desde el título en adelante, apunta a mostrar cómo, queriendo o sin querer, las hipótesis del autor fueron rectificadas y tal vez contradichas por los personajes. Ahora, en estas líneas finales pudiera ofrecer unas conclusiones que no sé si añadirían gran cosa a lo expuesto anteriormente. No lo haré, pues al fin, el crítico es también autor y sabe que más allá de la lectura habrá una conciencia que si acaso comenzó a leer, según Northrop Frye supone, con la entrega que la curiosidad suscita, pronto, según haya ido descubriendo la intención de lo escrito se habrá convertido a su vez en crítico [10]. A cargo de ese lector quedan, pues, reservadas las conclusiones, o, más exactamente, la conclusión.

---

[10] Northrop FRYE: *The Stubborn Structure*, Methuen, Londres, 1971, pág. 164. [Hay traducción española: *La estructura inflexible de la obra literaria*, Taurus, Madrid, 1973].

BIBLIOGRAFIA

TEORÍA DE LA NOVELA

Víctor M. DE AGUIAR E SILVA: *Teoría de la literatura*, Gredos, Madrid, 1972.

Andrés AMORÓS: *Introducción a la novela contemporánea*, Anaya, Salamanca, 1971.

E. ANDERSON IMBERT: «Formas de la novela contemporánea», en *Crítica interna*, Taurus, Madrid, 1969.

Francisco AYALA: *La estructura narrativa*, Taurus, Madrid, 1970.

Gaston BACHELARD: *La poétique de l'espace*, Presses Universitaires de France, París, 1957.

— —: *La poétique de la rêverie*, Presses Universitaires de France, París, 1960.

M. BAQUERO GOYANES: *Perspectivismo y contraste*, Gredos, Madrid, 1963.

— —: *Proceso de la novela actual*, Rialp, Madrid, 1963.

— —: *Estructuras de la novela actual*, Planeta, Barcelona, 1970.

Pío BAROJA: «Prólogo casi doctrinal sobre la novela», *La nave de los locos*, Caro Raggio, Madrid, 1925.

Roland BARTHES: *Le degré zéro de l'écriture*, Seuil, París, 1953.

— —: *Essais critiques*, Seuil, París, 1962.

— —: *Critique et vérité*, Seuil, París, 1965.

— —: «Introduction à l'analyse structurale des récits», *Communications*, n.º 8, París, 1966.

— —: «De l'oeuvre au texte», *Revue d'Esthétique*, tome XXIV, 1971.

— —: *S/Z*, Seuil, París, 1970.

George J. BECKER: *Documents of Modern Literary Realism*, Princeton University Press, Princeton, 1963.

Walter BENJAMIN: «El narrador», *Revista de Occidente*, número 129, diciembre de 1973.

Phyllis BENTLEY: *Some observations on the Art of Narrative*, Home Van Thal, Londres, 1946.

Bruno BETTELHEIM: *The Uses of Enchantment*, Vintage Books, Nueva York, 1977.

Derek BICKERTON: «Modes of Interior Monologue. A Formal Definition», *Modern Languages Quarterly*, junio, 1967.

Edward BLOOM (ed.): «In Defence of Authors and Readers», *Novel*, v. XI, n.º 1, otoño 1977.

Morton W. BLOOMFIELD (ed.): *The Interpretation of Narrative: Theory and Practice*, Harvard University Press, 1970.

O. FRIEDRICH BOLLNOW: *Hombre y espacio*, Labor, Barcelona, 1969.

Wayne C. BOOTH: *Retórica de la ficción* (1961), Bosch, Barcelona.

Raymond BOUDON: *À quoi sert la notion de «structure»?*, Gallimard, París, 1968.

Roland BOURNEUF y Réal OUELLET: *La novela*, Ariel, Barcelona, 1975.

Lawrence E. BOWLING: «What is the Stream of Consciousness Technique?», *PMLA*, v. LXV, junio 1950.

Malcolm BRADBURY y David PALMER (ed.): *Crítica contemporánea*, Cátedra, Madrid, 1975.

Claude BRÉMONT: *Logique du récit*, Seuil, París, 1973.

Cleanth BROOKS y R. PENN WARREN: *Understanding Fiction*, Applethon Century, Nueva York, 1943.

Reuben A. BROWER (ed.): *Twentieth Century Literature in Retrospect*, Harvard University Press, 1971.

E. K. BROWN: *Rhythm in the Novel*, University of Toronto Press, 1950.

Edward BULLOUGH: «Psychical Distance as a Factor in Art and an Aesthetic Principle», en *Aesthetics* (1912), Bowes and Bowes, Londres, 1957.

Kenneth BURKE: *The Philosophy of Literary Form*, Louisiana State University, Baton Rouge, 1941.

Ernst CASSIRER: «Structuralism in Modern Linguistics», *Word*, v. I, n.º 2, 1945.

Seymour CHATMAN (ed.): *Literary Style: A Symposium*, Oxford University Press, Nueva York, 1971.

Anne CLANCIER: *Psicoanálisis, literatura, crítica*, Cátedra, Madrid, 1976.

Hugo C. COWES: «Miguel de Unamuno: Ideas para una ontología de la novela actual», *Razón y fábula*, n.º 24, marzo-abril 1971.

Communications, n.º 16, «Recherches rhétoriques», París, 1970.

Jonathan CULLER: *Structuralist Poetics*, Cornell University Press, 1975.

David DAICHES: *The Novel and the Modern World*, University of Chicago Press, 1960.

— —: *A Study of Literature*, Norton, Nueva York, 1964.

Phillip DAMON (ed.): *Literary Criticism and Historical Understanding*, Columbia University Press, 1967.

Jacques DERRIDA: *L'écriture et la différence*, Seuil, París, 1967.

— —: *De la Grammatologie*, Minuit, París, 1967.

Boris EICHENBAUM: «The Theory of the Formal Method», *Russian Formalist Criticism*, University of Nebraska Press, 1965.

George P. ELLIOT: «The Novelist as Meddler», *Conversions*, Delta Book, Nueva York, 1973.

Stanley E. FISH: *Self-Consuming Artifacts*, University of California Press, 1972.

E. M. FORSTER: *Aspects of the Novel*, Edward Arnold, Londres, 1927.

Michel FOUCAULT: «Qu'est-ce qu'un auteur?», *Bulletin de la Société française de Philosophie*, vol. LXIV, París, 1969.

Joseph FRANK: «Spatial Form in Modern Literature», *Sewance Review*, v. LII, 1945.

— —: «Spatial Form: An Answer to Critics», *Critical Inquiry*, v. IV, n.º 2, invierno 1977.

Ralph FREEDMAN: *The Lyrical Novel*, Princeton University Press, 1963.

William FREEDMAN: «The Literary Motif», *Novel*, v. 4, n.º 2, invierno 1971.

Phillip FREUND: *The Art of Reading the Novel*, Collier Books, Nueva York, 1954.

Alain FRIEDMAN: *The Turn of the Novel*, Oxford University Press, Nueva York, 1966.

Melvin J. FRIEDMAN: *Stream of Consciousness: A Stady in Literary Method*, Yale University Press, 1955.

Norman FRIEDMAN: «Point of View in Fiction: The Development of a critical Concept», *PMLA*, v. LXX, 1955.

Northrop FRYE: *Anatomy of Criticism*, Princeton University Press, 1957.

— —: *La estructura inflexible de la obra literaria*, Taurus, Madrid, 1973.

Delfín L. GARASA: *Los géneros literarios*, Columba, Buenos Aires, 1969.

Gérard GENETTE: *Estructuralismo y crítica literaria*, Editorial Universitaria, Córdoba (Argentina), 1967.

— —: *Figures, I*, Seuil, París, 1968.

— —: *Figures, II*, Seuil, París, 1969.

— —: *Figures, III*, Seuil, París, 1972.

— —: «Genre, types, modes», *Poétique*, n.º 32, nov. 1977.

René GIRARD: *Mensonge romantique et vérité romanesque*, Grasset, París, 1961.

David GOLDKNOPF: *The Life of the Novel*, University of Chicago Press, 1972.

Lucien GOLDMAN: *Pour une sociologie du roman*, Gallimard, París, 1964.

Paul GOODMAN: *The Structure of Literature*, University of Chicago Press, 1954.

Agnes y Germán GULLÓN (eds.): *Teoría de la novela*, Taurus, Madrid, 1974.

Germán GULLÓN: *El narrador en la novela del siglo XIX*, Taurus, Madrid, 1976.

Ricardo GULLÓN: «Espacios en la novela española», *Sin nombre*, v. V, n.º 3, enero-marzo, 1975.

Kate HAMBURGER: *The Logic of Literature*, Indiana University Press, 1973.

Geoffrey HARTMAN: *The Fate of Reading*, University of Chicago Press, 1975.

W. J. HARVEY: *Character in the Novel*, Cornell University Pres, 1965.

Ihab HASSAN: *Paracriticisms*, University of Illinois Press, 1975.

Terence HAWKES: *Structuralism and Semiotics*, University of California Press, 1977.

William O. HENDRICKS: *Semiología del discurso literario*, Cátedra, Madrid, 1976.

Norman HOLLAND: *5 Readers Reading*, Yale University Press, 1975.

William HOLTZ: «Spatial Form in Modern Literature: A Reconsideration», *Critical Inquiry*, v. 4, n.º 2, invierno 1977.

Robert HUMPHREY: *Stream of Consciousness in the Modern Novel*, University of California Press, 1954.

Wolfang ISER: *The Implied Reader*, John Hopkins University Press, 1974.

Henry JAMES: *The Art of the Novel*, Scribner's, Nueva York, 1934.

Wolfgang KAYSER: *The Grotesque in Art and Literature*, McGraw-Hill, Nueva York, 1966.

Frank KERMODE: *The Sense of an Ending*, Oxford University Press, 1967.

— —: «Novel, History and Type», *Novel*, v. 1, n.° 3, primavera 1968.

Murray KRIEGER y L. S. DEMBO (eds.): *Directions for Criticism*, University of Wisconsin Press, 1977.

Shiv K. KUMAR: *Bergson and the Stream of Consciousness Novel*, New York University Press, 1963.

— — y Keith McKEAN (eds.): *Critical Approaches to Fiction*, McGraw-Hill, Nueva York, 1968.

Julia KRISTEVA: *El texto de la novela*, Lumen, Barcelona, 1974.

Fernando LÁZARO CARRETER: «El realismo como concepto crítico-literario», *Estudios de poética*, Taurus, Madrid, 1976.

Simon O. LESSER: *Fiction and the Unconscious*, Vintage Books, Nueva York, 1962.

Claude LÉVI-STRAUSS: «L'analyse structurale en linguistique et en anthropologie», *Anthropologie structurale*, Plon, París, 1958.

Harry LEVIN: «Romance and Realism», *The Gates of Horn*, Oxford University Press, Nueva York, 1963.

C. S. LEWIS: *An Experiment in Criticism*, Cambridge University Press, 1961.

— —: *Studies in Words*, Cambridge University Press, 1961.

Wyndham LEWIS: *Time and Western Man*, Beacon Press, Boston, 1957.

Robert LIDDELL: *R. L. on the Novel*, University of Chicago Press, 1969.

Leon LIVINGSTONE: «La novela como problema», *Tema y forma en las novelas de «Azorín»*, Gredos, Madrid, 1970.

David LODGE: *Language of Fiction*, Columbia University Press, Nueva York, 1966.

— —: «Towards a Poetic of Fiction. An Approach through Language», *Novel*, vol. I, n.° 2, invierno, 1968.

Leo LOWENTHAL: *Literature and the Image of Man*, Beacon Press, Boston, 1957.

Percy LUBBOCK: *The Craft of Fiction* (1921), Viking Press, Nueva York, 1957.

Fabio LUCAS: «Problemas da Critica e do estructuralismo», *Abraxas*, v. I, n.° 3, primavera 1971.

Georg LUKACS: *Teoría de la novela* (1920), Siglo Veinte, Buenos Aires, 1966.

— —: *Problemas del realismo* (1955), Fondo de Cultura, Méjico, 1966.

— —: *Significación actual del realismo crítico* (1958), Era, Méjico, 1963.

Eduardo MALLEA: *Poderío de la novela*, Aguilar, Buenos Aires, 1965.

Mircea MARGHESCOU: *Le concept de littérarité*, Mouton, La Haya, 1974.

Robert DE MARIA, Jr.: «The Ideal Reader: A Critical Fiction», *PMLA*, v. 93, n.º 3, mayo, 1978.

Félix MARTÍNEZ BONATI: *La estructura de la obra literaria*, Universidad de Chile, Santiago, 1960.

— —: «Lectura y crítica», *Revista canadiense de estudios hispánicos*, v. I, n.º 2, invierno, 1977.

A. A. MENDILOW: *Time and the Novel* (1952), Humanities Press, Nueva York, 1972.

Herman MEYER: *The Poetics of Quotation in the European Novel*, Princeton University Press, 1968.

Hans MEYERHOFF: *Time in Literature*, University of California Press, 1955.

J. HILLIS MILLER (ed.): *Aspects of Narrative*, Columbia University Press, 1971.

Massaud MOISÉS: *Guía pratico de Analyse Literaria*, Cultrix, Sao Paulo, 1970.

Fernando MORÁN: *Novela y semidesarrollo*, Taurus, Madrid, 1971.

Bruce MORRISSETTE: «Narrative You in Contemporary Literature», *Comparative Literature Studies*, v. II, 1965.

— —: «Topology and the French *Nouveau Roman*», *Boundary 2*, v. I, n.º 1, 1972.

— —: «The Alienated "I" in Fiction», *The Southern Review*, v. X, n.º 1, enero, 1974.

Marwin MUDRICK: «Character and Event in Fiction», *On Culture and Literature*, Horizon Press, Nueva York, 1970.

Edwin MUIR: *The Structure of the Novel*, The Hogarth Press, Londres, 1963.

Walter J. ONG: «The Writer's Audience is always a Fiction», *PMLA*, v. 90, n.º 1, enero, 1975.

José ORTEGA Y GASSET: *Meditaciones del Quijote*, Calpe, Madrid, 1914.

— —: «Tiempo, distancia y forma en el arte de Proust» (1923), *El Espectador, VIII*, Revista de Occidente, 1934.

Benito PÉREZ GALDÓS: «La sociedad española como materia novelable», *Discursos leídos ante la Real Academia Española*, Viuda e hijos de Tello, Madrid, 1897.

Cándido PÉREZ GALLEGO: *Morfonovelística*, Fundamentos, Madrid, 1973.

Narciso PIZARRO: *Análisis estructural de la novela*, Siglo XXI, Madrid, 1970.

Jean POUILLON: *Temps et Roman*, Gallimard, París, 1946.

— —: «Les règles du je», *Les Temps modernes*, n.º 12, abril, 1957.

Georges POULET: *Etudes sur le temps humain*, Plon, París, 1950.

— —: *La distance intériure*, Plon, París, 1950.

Gerard PRINCE: «Introduction à l'étude du narrataire», *Poétique*, n.º 14, 1973.

Peter J. RABINOWITZ: «Truth in Fiction: A Reexamination of Audiences», *Critical Inquiry*, v. 4, n.º 1, otoño 1977.

Eric S. RABKIN: «Spatial Form and Plot», *Critical Inquiry*, v. 4, n.º 2, invierno, 1977.

Philip RAHV: «Fiction and the Criticism of Fiction», *Literature and the sixth sense*, Houghton Mifflin, Boston, 1970.

Michael RIFFATERRE: «Criteria for Style Analysis», *Word*, v. 15, 1958.

— —: *Essais de stylistique structurale*, Flammarion, París, 1970.

Jean RICARDOU: *Pour une théorie du nouveau roman*, Seuil, París, 1971.

Edward C. RILEY: *Teoría de la novela en Cervantes*, Taurus, Madrid, 1971.

Alain ROBBE-GRILLET: *Pour un nouveau roman*, Gallimard, París, 1963.

Marthe ROBERT: *L'ancien et le nouveau*, Payot, París, 1967.

— —: *Novela de los orígenes y orígenes de la novela*, Taurus, Madrid, 1973.

A. ROSENFELD y otros: *A personagem de Ficção*, Perspectiva, São Paulo, 1967.

Ernesto SÁBATO: *El escritor y sus fantasmas*, Aguilar, Buenos Aires, 1963.

Nathalie SARRAUTE: *L'ère du soupçon*, Gallimard, París, 1956.

Fernando SAVATER: «La evasión del narrador», *La gaya ciencia*, n.º 3, marzo, 1976.

Robert SCHOLES y Robert KELLOG: *The Nature of Narrative*, Oxford University Press, Nueva York, 1966.

Mark SCHORER: «Technique as Discovery», *The Hudson Review*, v. I, 1948.

Cesare SEGRE: *Las estructuras y el tiempo*, Planeta, Barcelona, 1976.

Victor SLOVSKY: «Art as Technique», *Russian Formalist Criticism*, University of Nebraska Press, Lincoln, 1965.

Mark SPILKA: «Character as a Lost Cause», *Novel*, v. XI, n.° 3, primavera, 1978.

Frank STANZEL: *Narrative Situations in the Novel*, Indiana University Press, Bloomington, 1971.

Phillip STEVICK (editor): *The Theory of the Novel*, The Free Press, Nueva York, 1967.

Susan SULEIMAN: «Le récit exemplaire», *Poétique*, n.° 32, noviembre 1977.

Allen TATE: «Techniques of Fiction», *Forms of Modern Fiction*, University of Minnesota Press, 1948.

Tzvetan TODOROV (ed.): *Théorie de la Littérature*, Seuil, París, 1965.

— —: *Poétique de la prose*, Seuil, París, 1971.

Boris TOMASHEVSKY: «Thematics», *Russian Formalist Criticism*, Lincoln, 1965.

Boris USPENSKY: *A Poetics of Composition*, University of California Press, Berkeley, 1973.

Françoise VAN ROSSUM-GUYON: «Point de vue ou perspective narrative», *Poétique*, n.° 4, 1970.

Darío VILLANUEVA: *Estructura y tiempo reducido en la novela*, Bello, Valencia, 1977.

Ian WATT: *The Rise of the Novel*, University of California Press, 1964.

René WELLECK y Austin WARREN: *Teoría de la literatura*, Gredos, Madrid, 1953.

Francisco YNDURÁIN: «La novela desde la segunda persona», *Prosa novelesca actual*, Universidad Internacional Menéndez Pelayo, Santander, 1968.

Yeugeny ZAMIATIN: «Theme and Plot» y «On language» (1920-1921), *A Soviet Heretic: Essays*, The University of Chicago Pres, 1970.

GALDÓS. GENERAL

Leopoldo ALAS: *Galdós*, Renacimiento, Madrid, 1912.

Joaquín CASALDUERO: *Vida y obra de Galdós*, 1943, 4.ª ed. Gredos, Madrid, 1974.

Sherman EOFF: *The Novels of Pérez Galdós*, Washington University Studies, Saint Louis, 1954.

Ricardo GULLÓN: *Galdós, novelista moderno*, 1957, 3.ª ed., Madrid, Gredos, 1974.

Gustavo CORREA: *Realidad, ficción y símbolo en las novelas de Pérez Galdós*, 1965, 2.ª ed, Gredos, Madrid, 1977.

José F. MONTESINOS: *Galdós*, 3 volúmenes, Castalia, Madrid, 1968-1972.

Walter T. PATTISON: *Benito Pérez Galdós*, Twayne, Boston, 1975.

NOVELAS DE «TORQUEMADA»

Ramón D. PERES: *A dos vientos*, Barcelona, 1892. (Sobre *Torquemada en la hoguera*.)

Leopoldo ALAS: «Torquemada en la cruz», *El Imparcial*, 22 de enero de 1894.

Francisco SANTAMARÍA: «Crónica literaria: *Torquemada en el purgatorio*», *La España Moderna*, LXIX, septiembre de 1894.

H. PESEUX-RICHARD: «Torquemada en la cruz», *Revue Hispanique*, I, 1894.

— —: «*Torquemada y San Pedro*», *Revue Hispanique*, II, 1895.

Leopoldo ALAS: «Torquemada en el purgatorio», *El Imparcial*, 22 de abril de 1895.

— —: «Torquemada y San Pedro», *El Imparcial*, 6 de mayo de 1895.

Eduardo GÓMEZ DE BAQUERO: «El problema religioso en dos novelas: *Torquemada y San Pedro* y *Nazarín*», *La España Moderna*, LXXX, agosto de 1895.

A. L. OWEN: «The Torquemada of Galdós», *Hispania*, volumen VII, 1924.

Otis H. GREEN: «Blanco Fombona, Pérez Galdós and Leopoldo Alas», *Hispanic Review*, X, 1942.

Víctor PÉREZ PETIT: «El 'Torquemada' de Pérez Galdós», *Obras Completas*, III, Montevideo, 1942.

Robert KIRSNER: «Pérez Galdós Vision of Spain in *Torquemada en la hoguera*», *Bulletin of Hispanic Studies*, volumen XXVII, 1950.

Angel DEL RÍO: Introducción a «*Torquemada en la hoguera*», 1932, *Estudios galdosianos*, Zaragoza, Librería General, 1953.

Robert RICARD: «L'usurier Torquemada: historie et vicissitudes d'un personnage», *Aspects de Galdós*, París, P.U.F., 1963.

Francisco RUIZ RAMÓN: «El clérigo de 1891 a 1918», *Tres personajes galdosianos*, Madrid, Ed. de la Revista de Occidente, 1964.

— 173 —

Pierre L. ULLMAN: «The Exordium of *Torquemada en la hoguera*», *Modern Languages Notes*, vol. LXXX, 1965.

Douglass ROGERS: «Lenguaje y personaje en Galdós», *Cuadernos Hispanoamericanos*, n.ª 206, febrero de 1967.

Robert J. WEBER: «Galdós' Preliminary Sketches for *Torquemada y San Pedro*», *Bulletin of Hispanic Studies*, vol. XLIV, 1967.

Peter G. EARLE: «Torquemada, hombre masa», *Anales galdosianos*, vol. II, 1967.

Antonio SÁNCHEZ BARBUDO: «Torquemada y la muerte», *Anales galdosianos*, vol. II, 1967.

H. B. HALL: «Torquemada: the Man and his Language», *Galdós' Studies*, Londres, 1970.

B. J. ZEIDNER BÄUML: «The Mundane Demon: The Bourgois Grotesque in Galdós' *Torquemada en la hoguera*», *Symposium*, vol. XXIV, 1970.

Francisco AYALA: «Los narradores en las novelas de Torquemada», *Cuadernos Hispanoamericanos*, n.º 250-252, octubre de 1970-enero de 1971.

Nicholas G. ROUND: «Time and Torquemada: Three Notes on Galdosian Chronology», *Anales galdosianos*, vol. VI, 1971.

J. E. VAREY: «Torquemada and la lógica», *Studies in Modern Literature and Art presented to Helen F. Grant*, Londres, 1972.

J. L. BROOKS: «Introduction» a *Torquemada en la hoguera*, Pergamon Press, Oxford, 1973.

H. L. BOUDREAU: «The Salvation of Torquemada», Comunicación presentada al Seminario galdosiano de la M.L.A., en Nueva York, 1976. (Mecanografiada).

Geraldine M. SCANLON: «Torquemada's Becerro de Oro», *Modern Languages Notes*, vol. CXI, 1976.

John H. SENNINGAN: «Literary and Ideological Projects in Galdós: The Torquemada-Series». Comunicación presentada al Seminario galdosiano de la M.L.A., en Nueva York, 1976. (Mecanografiada).

Carlos BLANCO AGUINAGA: «Historia, reflejo literario y estructura de la novela: el ejemplo de *Torquemada*», *Ideologies-Literature*, vol. I, n.º 2, enero-abril de 1977.

Peter A. BLY: «The Mysterious Disappearance of Torquemada's *Rosquilla*», *Romance Notes*, vol. XVIII, n.º 1, 1977.

APENDICE

Se conservan en la Casa-Museo Pérez Galdós, en Las Palmas, algunos apuntes tomados por el novelista para la serie de Torquemada. En forma fragmentaria los dio a conocer Robert J. Weber («Galdós' Preliminary Sketches for Torquemada y San Pedro», Bulletin of Hispanic Studies, vol. XLIV, 1967), comparándolos con la versión definitiva. Como el B.H.S. tiene muy escasa difusión en España, y por otra parte, la publicación de las notas fue parcial, me decido a insertarlas aquí íntegras. Agradezco a don Alfonso Armas, Director de la Casa-Museo la copia xerox de los originales que tuvo la amabilidad de enviarme y la autorización para publicarlos. El primero de los fragmentos se refiere al segundo Valentín; el segundo a la enfermedad y muerte de Fidela, y el tercero a la enfermedad de Torqumada:

— I —

Valentinito Torquemada y del Águila tuvo desde pequeño los estigmas de la imbecilidad, rayana en la idiotez. Tardó mucho tiempo en conocer á sus padres, a los que abandonaba en cuanto veía al ama única persona hacia la que demostró cariño. Mamaba con ansia y antes del destete demostraba querer todas las cosas para llevárselas a la boca. A pesar de esto, no dejaba el pecho y mamaba con voracidad y mordía el pezón. Demostraba antipatía hacia las personas echándose de golpe hacia atrás y moviendo con furia la cabeza. Los objetos los cogía con ambas manos y los tiraba al suelo. Más tarde procuraba romperlos y cuando echó á andar, los ocultaba en los rincones (botijos, tibores, etc.) o los tiraba por el balcon. Sus rabietas eran frecuentes pataleaba, se arrastraba por el suelo y en algunas ocasiones parecía un epiléptico —(Antecedentes hereditarios: ataque del padre al morir su anterior hermano. ¿Engendrado durante la embriaguez de los primeros días de la boda?...)— Tardó mucho en andar y más aún en hablar. Pronunciaba mal monosílabos, sin sentido, que con gran dificultad, descifraba Fidela. *Tal-ta-* (p. ejemplo) significaba muchas cosas, y como era preciso satisfacer en el acto sus deseos, la niñera y los criados se volvían locos con el mico. Tenía los ojos pequeños como su padre y la frente abombada y falta de simetría, grandes orejas y boca enorme, de la cual manaba casi siempre una baba viscosa y larga. El pelo era abundante, lacio y enfermizo de color de (estigmas) barbas de maíz, trataban de rizárselo, con *papillotes* pero además de estar horroroso (parecía una cabeza de madera de las que tienen los peluqueros) se arancaba los papelitos y cuando se encolerizaba grandes mechones de cabellos, por lo que decidieron cortarselo al rape.

Se orinaba en la cama y pasaba malas noches. Era imposible hacerle tomar medicinas cuando estaba enfermo.

(Muchas veces se le encontraba en un rincón, debajo de la cama, con las piernas abiertas *tirándose* de su miembro). Para que se durmiera tenían que dejarle meter la mano en el seno de la mujer que le cuidaba.

Era muy goloso y le gustaba extraordinariamente el vino. Si se achispaba (los criados lo hicieron alguna vez), parecía que se despertaba alguna inteligencia. Sus juguetes favoritos eran los látigos. Apaleaba sin piedad á los criados y á los animales y parecía gozar con ello extraordinariamente.

A los cuatro años se masturbaba y se mordía las uñas. Muy vengativo, muy soberbio. No contaba mas que hasta tres.

— II —

Fidela se quejó de un estado catarral que creyeron que sería insignificante, tenía un pertinaz insomnio y suspiraba con frecuencia y hondo.

Tenía ideas lúgubres de próximo fin. Con Augusta se *espontaneaba* (como diría Tor) y la hablaba de la muerte, de la otra vida, de la mortaja del hijo con una triste conformidad que acongojaba a su amiga.

Un día tuvo una fiebre altísima y se preocuparon todos. Llamaron á varios médicos —fiebre de 40 grados y algo de delirio— y se temió una gravedad inminente.

Hubo lista y sueltos en los periódicos.

La cosa terminó por una supuración del oído derecho abundante. Fue un especialista y estuvo haciendo multitud de operaciones y curas que exaltaron á Tor. Quejóse de la garganta y algo se le abultó el cuello. Hubo gran mejoría, pero Augusta notó que los ojos se habían puesto saltones. Mejoró algo y pudo salir de sus habitaciones, pero siguió quejándose de gran opresión y una angustia profunda que le impedía suspirar ruidosamente. Parecía que los suspiros se iban reuniendo como pompas de jabón y dilataban el pecho, terminando por eruptos y necesitando alimento frecuente.

Cuando se levantaba sentía pesadez y sueño, y en cambio no podía estar en la cama acostada sin experimentar anhelo e insomnio. Los sueños eran cortos y tenía pesadillas terribles.

—Que Valentinito estaba en su seno y pugnaba por salir por la boca, quedándose en el cuello.

—Que se le saltaban los ojos y al andar tropezaba con ellos.

—Que estaba entre caníbales.

—Que los personajes de los cuadros se subían á la cama y la ahogaban.

Tor insistía en que era *flato* y debilidad, el sufría a veces *iguales fenómenos* y su compañero de Senado, el sabio D... le aconsejaba una taza de caldo y una copa de jerez.

El tal doctor, afirmó que todo ello era anemia e histerismo.

D. Francisco llevó muchos reconstituyentes y específicos.

Algunos días tenía una tosecilla pertinaz; la delgadez aumentaba y los ojos realmente parecía que se le salían de las órbitas, dándole el aspecto de una figura china de marfil.

Dos días antes de su muerte, pidió confesarse y quiso ir á las Cuarenta Horas y á una novena que costeaba.

Anunciaba á todos que aquello *se iba*.

El Senador juraba y perjuraba que todo ello era aprensión, *síntomas reflejos*, etc., etc.

De pronto empezó á decir tonterías mezcladas con frases sentenciosas, se acentuó la disnea. Cubrióse la frente de sudor frío y se le presentó hipo, llamaron á muchos médicos, la dieron inyecciones de cafeína y eter, se la dio la unción, la bendición apostólica y murió como *un pajarito*, con asombro del Senador y espanto de D. Francisco.

Gran sensación en Madrid, necrologías *de sociedad*, detalles reporteriles. Capilla ardiente, misas y soberano entierro para aplacar al Gran Todo.

Enfermedad de Basedow.
Bocio exoftalmico.

— III —

En la 1.ª junta á que fué llamado Miquis para asistir al Excmo. e Iltrm.º Sr. D. Francisco de Torquemada, Senador vitalicio, etc., se habló largamente de la vida y dolencias del buen señor. Recordó Quevedito, que al morir su pobrecito Valentín, sufrió un ataque semi epiléptico pues «cayó redondo al suelo, estiró una pierna, contrajo la otra y un brazo. Bailón, uno de sus amigos, con toda su fuerza no le podía sugetar pues desarrollaba un vigor muscular inverosímil. Al propio tiempo soltaba de la fruncida boca un rugido feroz y espumarajos. Las contracciones de las extremidades y el pataleo eran en verdad horrible espectáculo: se clavaba las uñas en el cuello hasta hacerse sangre». Añadió que el ataque terminó por sopor, con anestesia [?] habiendo sido preciso reanimarlo con fricciones secas y por fin concluyó del todo con llanto histérico.

Los cambios de caracter y la nueva vida hicieron que aquella explosión inesperada de sensibilidad morbosa se esparciera por el cuerpo (según frase de D. Francisco) y en algunas ocasiones se había quejado de *abombamiento* de cabeza y dificultad en la memoria después de comer. En un viaje sintió vértigo y casi todos los meses acostumbraba a hacer [palabra ilegible] de sanguijuelas ó depurativos, muy a disgusto del citado Quevedo. La parte moral sufría también cambios imprevistos. Había días en que estaba cariñosísimo hasta un extremo que casi molestaba. Ofrecía cigarros á los amigos, se interesaba por la salud de todo el mundo, *obsequiaba* con el medicamento *de moda* en la casa (que compraba por mayor porque *saliese* el frasco más barato) acataba los consejos de Quevedo y Donoso y hasta se enternecía por todo. Las más veces era insoportable, cicatero, discutidor, reñía con todo el mundo y decía que era preciso ahorcar a los ministros y dar mucho palo. Tomó aguas de todos los balnearios conocidos, y siempre bebía cantidades enormes. Empezó a quejarse de angustia en el vientre que él calificaba de *debilidad* de estómago. Tomó cocinero y se propinaba un régimen tónico tremendo: carne macerada con jerez y perfectamente condimentada después por el cocinero, jugos, gelatinas, caldos (los del Senado) etc., etc. Le dió por beber buenos vinos que el mismo embotellaba y quiso hacer un vino especial con sus caldos que recomendaba á todos los médicos marcándolos con muestras de unas aguas de noria que descubrió en una de sus fincas, gastándose mucho dinero en hacer un gran establecimiento en pro de la humanidad y vendiéndole despues. Era muy dado á escribir sus sensaciones morbosas á modo de diario y anotaba todos los remedios que le aconsejaban.

Así, por ejemplo, escribió: «Miércoles: La comida de ayer no la he debido digerir. Siento gases. Tomo una taza de anís estrellado y una cucharadita de magnesia. Parece que me *cae* bien. A la hora el chocolate hecho por mi, con pan tostado. Lo he comido con gusto. A las dos horas, empiezo á sentir mareos y náuseas, un par de cucharaditas de magnesia efervescente. Me despejo completamente. A la hora, una buena deposición. Efectivamente estaba *indigesto*. Almorcé muy bien, con hambre. He tomado elixir después del café. Buena tarde. Tomo una píldora de la salud para acabar de limpiar. La comida no me ha sabido tan bien. Siento alguna pesadez. He vuelto a tomar sangre —una onza de sanguinaria en un cuartillo de agua, tres terrones dice D.X. que es cosa superior. Preguntar a Quevedo por las píldoras depurativas nacionales». Y así por el orden.

La enfermedad y muerte de su señora le han abatido de modo extraordinario. Acentuándose los vómitos y malas digestiones siempre dolorosas. Régimen lácteo le asquea. (Se acuerda de D. Bailón y el problema de las leches) Compra una vaca suiza. Consulta á especialistas. Lavado del estómago, análisis. Consulta á una celebridad de París. Empeora a los pocos días, reniega del extranjero, mejora, ¡viva España!, gran recaída, *hemorragia*. Viene otro, de Berlín. Un farsante transeúnte y trashumante, ligera mejoría. Recaída tremenda. Grandes juntas. Temores, dudas, preparativos. El Santísimo de manifiesto. No se atreven a *decirle nada* guardias permanentes. Miedo terrible. Se va demacrando y le crece la barba, parece un santo de marfil. S. Vicente de Paúl. Le da la Roma una yerba. La toma con fé experimenta bastante alivio. Nuevo cambio de médicos. Se levanta y habla de negocios —se discute si será cáncer del píloro o [palabra ilegible]. Color de *tierra*. (Roma se lo dice). Homeopatía. Nueva hemorragia. Se confiesa y comulga, *mejora*. Vuelve a tomar otras yerbas, se descompone el hombre, entra en agonía que dura dos días, muere como un *Santo*.

ESTE LIBRO SE TERMINO DE IMPRIMIR
EL DIA 14 DE FEBRERO DE 1979, EN
GRAFICAS VALERA, S. A., LIBERTAD, 20,
MADRID-4.

OTROS TITULOS DE LA

COLECCION PERSILES

---

* Los libros señalados con un asterisco pertenecen a la serie **El escritor y la crítica.**